一流の学び方

Adult Learning Method for Business Professional

知識&スキルを最速で身につけ稼ぎにつなげる
大人の勉強法

清水久三子
Shimizu Kumiko

東洋経済新報社

「学ぶ者」と「学ばざる者」の差が広がる時代――「はじめに」に代えて

今なぜ「学び方」なのか？

学生の勉強法ではなく、ビジネスパーソンの学び方、つまり、点数を取るための勉強法ではなく、仕事やキャリア、稼ぎにつながる学び方のノウハウを『プロの学び力』という一冊の本にまとめたのは今から10年前、２００７年のこと。本書は、その『プロの学び力』の内容に、この10年の変化を踏まえ、加筆修正したものです。

なぜ今「学び方」のノウハウをあらためて世に問うのか。

それは、ビジネスパーソンにとって「学ぶこと」が、以前にも増して重要になってきたからです。21世紀は、学び方や学ぶ姿勢で、ビジネスパーソンのキャリア、そして人生が決まると言っても過言ではありません。

詳しくはプロローグで述べますが、先にここで「学び方でその人のキャリアや人生が決まる」理由を2つ、簡単に見ておくことにしましょう。

人生100年時代に「若いときに学んだスキルで食べていく」のは無理

一つ目の理由は、人生100年時代の到来です。2016年に刊行された『ライフシフト　100年時代の人生戦略』（リンダ・グラットン、アンドリュー・スコット著、東洋経済新報社）は発売後ベストセラーになり、各地で反響を巻き起こしました。この本では長寿化に伴い「60歳で定年を迎えてリタイア」という人生プランが通用しなくなることを指摘し、それに伴い生涯にわたって学び続けることの重要性を説いています。

また、ビジネスパーソンの「働く期間」が長期化する一方で「働く」環境の変化はより早くなってきています。たとえば、かつては、新卒で入社した企業で定年までの約40年を勤め上げるという働き方が一般的でしたが、日本を代表する企業の昨今の凋落を見ると、いまや、40年後に必ず残っていると言いきれる企業などありはしないことがわかります。

また、もし幸運にも存続していたとしても、デジタル技術やＡＩの進歩により、今人間が行っている仕事のかたちは、そのときには大きく変わっているか、仕事そのものが無くなっていることでしょう。

人間の働く期間は長期化し、働く環境の変化のサイクルが短期化する今、「若いときに学んだスキルで食べていく」ということは不可能になりつつあります。40歳になっても、50歳になっても、時代に合わせて学び続けなければ取り残されてしまうのです。

技術革新がもたらした「学びの格差」

もう一つの理由は、学びの環境の変化です。インターネットやスマートフォンなど、ＩＣＴ（情報通信技術）の革新が日進月歩で進み、「学び」の環境は大きく様変わりしました。たとえば前著『プロの学び力』を刊行した２００７年には、キンドルをはじめとする電子書籍は国内では存在しませんでした。学びにおいて、書籍は今も重要なツールですが、かつてはカバンの中に数冊しか入れて持ち運ぶことができなかった書籍を、今では数千冊持ち運び、いつでも閲覧することができるようになりました。

ユーチューブなどの動画サイトでビジネススキルやＭＢＡの知識を学ぶということも、当時は考えられませんでした。しかし今では、スマートフォンを使い、海外の一流ビジネススクールの授業を、通勤電車の中で視聴することが可能です。

これらは一例に過ぎませんが、この10年だけを考えてみても、ビジネスパーソンが知識やスキルを学ぶ環境は、格段に向上しました。誰もが、手軽に、そして安価に、学ぶことができるようになったのです。

ただし、このことはビジネスパーソンすべてにとっての福音になるわけではありません。なぜなら、こうしたツールや環境の恩恵を受けるのは、学ぶ意欲のある者だけだからです。学ぶ者がその知識やスキルを、飛躍的に高めることが可能な一方、学ばない者との差が、これまで以上に決定的に広がっていく時代。これが学びの格差問題です。

現代を生きるビジネスパーソンに突きつけられた「人生100年時代」と「学びの格差問題」。学ぶ者だけが生き残り、学ばない者がこれまで以上に劣勢に立たされる今、あらためて「ビジネスパーソンにとって〝学ぶ〟ということ」「いかに効率よく、効果的に学ぶか」を問うことは意味のあることだと思います。

それが今、本書を刊行する理由です。

学生の勉強方法でビジネススキルは身につかない

さて、ここまでで、ビジネスパーソンが「学ぶ」ことの意味や重要性をご理解いただけたと思いますが、次に考えなければならないのは「いかに学ぶか」です。

みなさんも過去に何度となく「こんな知識を身につけよう」「こんなスキルを習得し

よう」と、本を読む、あるいはセミナーに通うなどして、学んでこられたことでしょう。

しかし、それが「身についた」ひいては「仕事につながった」「稼ぎにつながった」と胸を張って言える方は少ないのではないでしょうか。


「決算書が読めるように財務諸表の勉強を始めたが、三日坊主で挫折した」

「ロジカルシンキングの本を読んだが、論理思考が身につかない」

「マーケティングの勉強をしたのに、仕事では役に立たず、収入に結びつかない」


このようにビジネスパーソンの多くの方が、学んだことを仕事に役立てられない、あるいは勉強に挫折してしまうということを繰り返しています。つまり、多くの学びが失敗、あるいは無駄に終わっているのです。

その原因は、何か。それは「学び方」にあります。

詳しくはCHAPTER1でご説明しますが、多くのビジネスパーソンが学びを失敗しているのは、学生時代や資格試験の、筆記試験を前提にした暗記主体の勉強方法で学んでいるからです。この勉強方法は「チャイルドエデュケーション」と呼ばれるものであり、筆記試験には向いているのですが、知識や情報としてだけでなく、自分の血肉とし、仕事の成果や稼ぎにつなげることには不向きな勉強方法です。

本書でご紹介するのは、「チャイルドエデュケーション」とは一線を画す、ビジネスパーソンがスキルやノウハウを自分の血肉とし、仕事や稼ぎにつなげる学び方、「アダルトラーニング」です。

最短で効率よく、知識やスキルを身につける
身につけた知識やスキルを、プロとして稼げるレベルまで高める

そんな「アダルトラーニング」の考え方や具体的な方法を、本書ではご紹介します。

常人の3倍速でインプットするコンサルタントに学ぶ

この方法は、私が外資系コンサルティングファームで長年にわたり、コンサルタントの育成やプロフェッショナル人材制度の設計、人材開発戦略などのプロジェクトをリードしてきた経験と、自分自身がリーダー研修など社内外における研修のインストラクターとして、約3000人のコンサルタントをトレーニングしてきた経験から導き出したメソッドです。

コンサルタントはクライアントから、日々さまざまな相談を持ちかけられます。そして、その一つひとつに対して、適切なタイミングで、適切な問題の解決方法を提示していきます。だからこそプロとして相応の対価がいただけるのです。

相談内容は実にさまざまです。業種業態も異なれば、解決すべき問題も異なります。これらのニーズに対応するためにコンサルタントは、最速で基礎知識をインプットし、対価をいただけるだけの最良の問題解決方法をアウトプットする必要があります。

最速のインプットと最良のアウトプット。コンサルタントに求められるのはまさにこの2点です。クライアントのニーズにこたえるためにスキルや知識をインプットすることを「キャッチアップ」と言いますが、コンサルタントはこのキャッチアップを常人の3〜6倍の速さ、場合によっては、1週間から10日ですることを求められるのです。

もちろん、速さだけでなくクオリティも求められます。どんなに速くインプットしても、クライアントに満足していただける成果物をアウトプットできなければ、二度と仕事の依頼は来なくなるからです。バリューを生み出して、初めて意味を成すのです。

このようにコンサルタントは、一般のビジネスパーソンよりも、最速でインプットすること、そしてバリューのあるアウトプットをすることが常に求められています。そしてこれを実現するメソッドが、本書でご紹介する学習方法なのです。コンサルタントの「学び方」は、「すばやくスキルや知識を身につけ」「それらを稼げるレベルにまで高めたい」ビジネスパーソンにとって、そのまま使えるメソッドなのです。

本書の構成

プロローグでは、ビジネスパーソンが今「学び方」を身につけなければならない理由と、その社会的背景について概観します。学びには、それ相応の労力と時間を要します。中途半端な気持ちでは挫折してしまうこともあるでしょう。しかしこの章を読み、理解することで、これから学ぶ姿勢や覚悟が、ずいぶんと違ってくるでしょう。

CHAPTER1では、ビジネスパーソンがなぜ学びで失敗するのかについて、チャイルドエデュケーションとアダルトラーニングを比較してご説明します。具体的なノウハウを学ぶ前に、ここで、成功する学び、失敗する学びの違いを大きくつかんでおくと、本書のメソッドの理解がスムーズになります。

CHAPTER2では、学びの4つのステップ──「概念の理解」「具体の理解」「体系の理解」「本質の理解」──についてご説明します。スキルや知識を身につけ、稼ぎに変えるには、最低でも3つ目のステップである「体系の理解」以降に進む必要があり、これを理解していないがために「学んだのに稼げない」人が多いのです。

CHAPTER3では、「最速でキャッチアップする」具体的な学習方法をご紹介します。4つのステップのうち前半の2つのステップに該当する話で、「情報マップ」等のツールの使い方がメインになります。またCHAPTER4では、キャッチアップのメイン手段となる読書の仕方について、実践的ノウハウを解説します。

CHAPTER5では、「稼げる」ようになるためのトレーニング方法を紹介します。4つのステップのうち後半の2つのステップに該当する話で、ここで紹介する「チャート」の作成は、すばやく多くのことを学べる鍵でもあります。

CHAPTER6では、タイムマネジメントなどの学習TIPSを紹介します。ここまでで紹介した学習方法を補完する知識としてお読みください。

これからは、自ら学ぼうとしないビジネスパーソンが淘汰され、自ら学び、進化する者が仕事も稼ぎも手に入れる傾向が、より顕著になる時代になります。

本書を読んで一人でも多くの方が、ビジネスパーソンとしての学び力を身につけ、自分のキャリアと人生を切り開いていかれることを願っております。

CONTENTS

一流の学び方　目次

PROLOGUE

「学び方」でビジネスパーソンの人生が決まる

人生100年時代のリアル

CHAPTER1

こうすれば あなたの「学び」は 失敗しない

ビジネスパーソンが身につけたい「大人の学習法」

CHAPTER2

「学び」を「稼ぎ」に変える4つのステップ

一流は何をどう学んでいるのか?

CHAPTER3

最速で効率よくキャッチアップする

基礎知識を素早く吸収するツール&メソッド

CHAPTER4

1日3冊のインプットを可能にする読書術

サーチ読み&パラレル読みをマスターする

CHAPTER5

こうすればスキルや知識が「稼げる」レベルになる

応用力とオリジナリティを身につける

CHAPTER6

学びの効率&効果を高めるラーニングハック

私が実践しているちょっとしたコツ

※本書は2007年11月に弊社から刊行した『プロの学び力』を加筆修正したものです。

PROLOGUE

「学び方」でビジネスパーソンの人生が決まる

人生100年時代のリアル

1 『ライフシフト』が示唆する「学び」の必要性

ビジネスパーソンの人生設計が変わった

『ライフシフト　100年時代の人生戦略』は、人生100年時代の戦略的人生設計について述べたベストセラーです。お読みになったかたも多いと思いますが、本書は、学びという観点から見ても非常に多くの示唆を与えてくれます。

これまで私たちは単一のライフサイクルモデルを生き方の指針としてきました。具体的に言えば、20歳くらいまでは教育の期間、そこから勤労の期間がはじまり、60歳頃に引退するというモデルです。

平均寿命が80歳くらいだったこれまでは、このライフサイクルを目安として生き方を考えていれば大きな問題はありませんでした。しかし、平均寿命が100歳に到達しようかというこれからの時代、このライフサイクルにあてはめて生きていくことは難しいでしょう。

なにしろ60歳でリタイアしても、人生はまだ40年もあるのです。60歳以降は余生どころか、二毛作、三毛作の生き方を考えなければ、経済的にも、また充実した人生を送るという点でも厳しいにちがいありません。このことを理解していないと学びを自分の力に変えていくことが難しくなると思います。

学び続ける者だけが勝ち残る

20歳前後までが公教育から一般教養を身につける時期だとすると、社会人となる20代は仕事に関わる知識を身につける学びの期間でした。20代でさまざまなものを吸収し、30代でそれを実践して経験値を積み、40代、50代になると今度はマネジメントとしてそれらを生かす――これまでのライフサイクルモデルでは、このような考え方が一般的でした。

だから、多くの人が「学ぶのは若いうち」と思っているはずです。

「マネジメントをになう40代、50代は、学ぶよりも成果をあげることが大事。だいいち、そんな歳になってから学ぶなんて、遅いよ」

そう考える人が多いのではないでしょうか？

しかし、『ライフシフト　100年時代の人生戦略』にも述べられているように、もう従来のライフサイクルモデルを踏襲すればいいという時代ではありません。

「学ぶのは若いうち。歳をとったら、蓄えた知識と経験を生かせばいい」という前時代の考え方では、人生100年時代を乗り切ることはできなくなってくるのです。これからは、40になっても50になっても学び続ける覚悟が必要です。

学びにゴールはなく、常に新しく学んでいかないと定年まで逃げ切れる確率はますます低くなっていますし、また定年後の40年を考えても、学び続けて新たなことに挑戦する準備をしておかないと、生活も生きがいも立ちゆかなくなってしまう危険があります。

かつてコンサルタントの世界では「アーリーリタイア」が合言葉のようになっていた時代がありました。若いうちにガッツリと稼いで、40歳を過ぎたらリタイアして悠々自適に好きなことをして暮らす――私もそんな生き方に憧れたものです。

ですが、今は周囲を見ると、リタイアできるくらい成功している人でも、新しい領域にチャレンジして活躍の幅を広げる人が多いように思えます。

ビジネスパーソンの人生設計が変わった

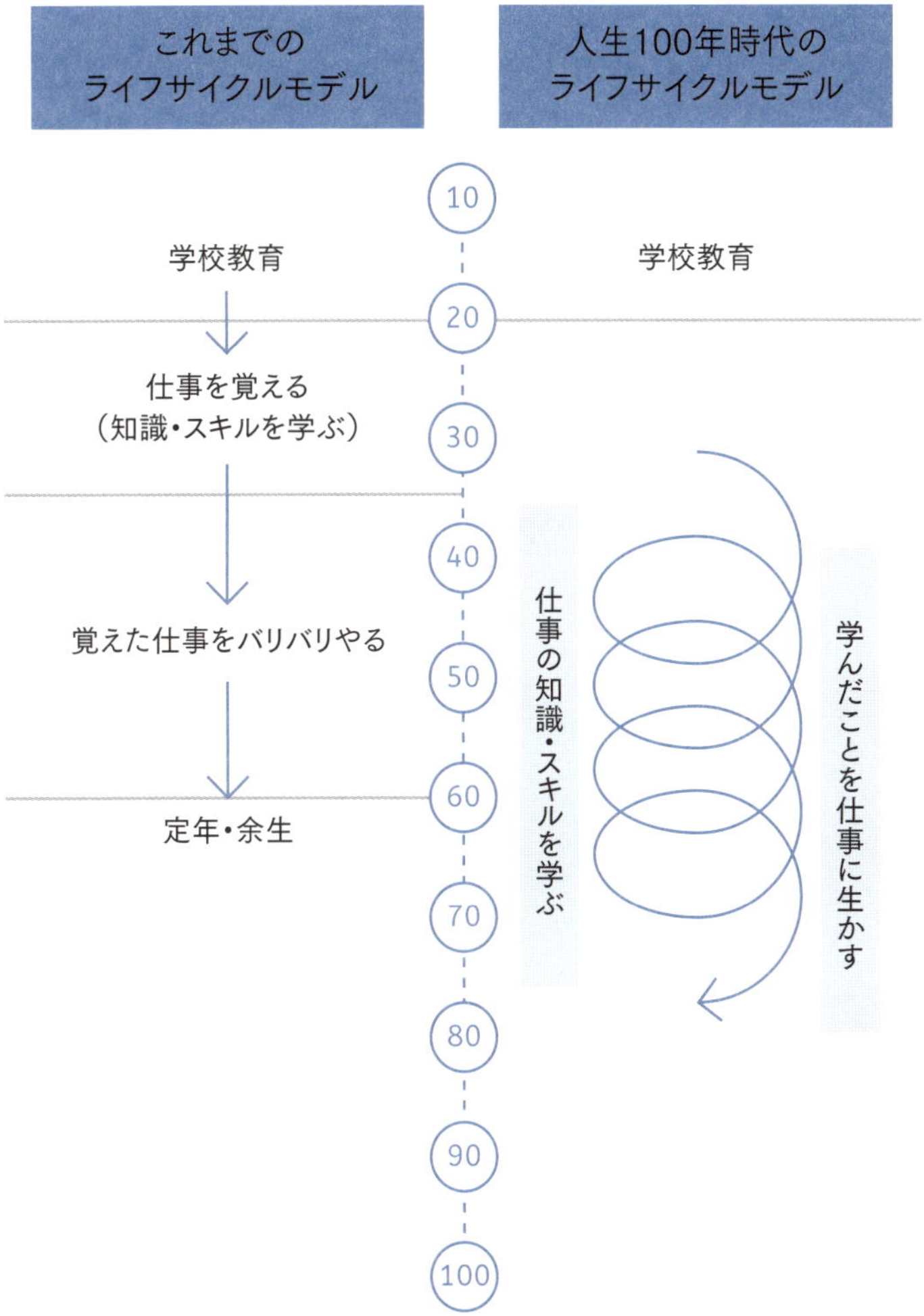

2
テクノロジーの革新が「学びの格差」を広げる

学び方も時代に合わせて進化する

テクノロジーが日々進化をつづけ、ビジネス環境が刻一刻と変化しているように、学びも不変ではありません。はじめて本書を世に送り出した十年前とくらべると、学び方は大きく変わってきています。

たとえば、反転学習はそのいい例でしょう。

これまでの学習指導の方法は、まず授業や講義を受け、そこで知識をインプットして、宿題や課題などで問題を解いてみて知識が定着しているかどうかを確認するというやり方が主流でした。

しかし、近年教育の現場で導入が始まっている反転学習の学びの流れはまったく逆です。講義を受ける前にスマートフォンやタブレットなどで解説動画を観てあらかじめ知識をインプットしておきます。そして、実際の講義ではそれをもとにディスカッションしたり、自分の考えを発表するなど、単に知識をインプットして定着するだけではなく、そこからもう一歩踏み込んで考える力を養います。

すでに学校教育にも取り入れられているこの反転学習は、企業研修においても1つのトレンドになりつつあります。

前提となる知識や情報は、あらかじめ受講者が空き時間にオンラインで視聴しておき、講義ではディスカッションして内容をより深く掘り下げたり、資料を作成して新しい視点を探るなど、より仕事に結びついた実践的な学びを行うようになっているのです。

反転学習により知識のインプットを受講者個人にまかせることで、限られた研修時間がより有効に使えるようになりました。しかし、こうした新しい学び方の恩恵を受ける人もいれば、一方で変化に対応できず、新しい学びに取り残されている人もいます。そしてその差は、今後広がっていく可能性が非常に高いのです。

既存マインドを捨てられない人々

こうした学び方の変化は、テクノロジーの進化によってもたらされました。常時接続のインターネット環境と、スマートフォンやタブレットなどのパーソナルなデバイスの登場が、反転学習を可能にしたのです。

今は、スマートフォンひとつあれば、いつでもどこでも学習することができます。反転学習に限らず、動画サイトには有料、無料含めてさまざまなビジネススキルに関する講義がアップされ、好きなときに視聴することができるようになりました。コンテンツのクオリティも一昔前とは比べ物にならないほど高くなっています。

とても便利な時代になりましたが、皮肉なことにそれは新たな格差を生みはじめています。


講義に出席して講師から知識のインプットを受ける従来の学びは、いわば受動的。出席さえすれば、教えてもらえる環境にあったと言えます。しかし、反転学習に代表される新しい学びの形では、事前に動画を視聴して最低限の知識をインプットしておかなければならないように、自ら能動的に学びに取り組まなければなりません。

受動的な学びから能動的な学びへ——企業研修で事前準備をしてこない受講者は、この変化を理解していません。学びとは教えてもらうもので、講義に出席すればいいだろうという既存のマインドから抜け切れていないのです。

こうした既存マインドにとらわれ、受け身的な学び方をしている人は、効果的な学びができない危険があります。反転学習で事前準備をしていない時点で、他の人より遅れてしまっているわけで、講義に出席しても知識のインプットがないために十分な理解が得られないかもしれません。

また、ディスカッションに参加して考えを深めるという工程にも積極的に関わることができず、せっかく研修を受けているのに実践的なスキルが身につかないということもありえます。

さらに問題なのは、業務優先というマインドにとらわれて、能動的な学びは後回しになり、学べないから生産性も上がらず、ますます忙しくなっていくという負のスパイラルに陥ってしまうことです。

これまで以上に問題意識や目的意識が必要

スマートフォンやタブレットで学ぶ環境にアクセスすることは容易になりました。その気になれば、オンラインで世界中の講義にアクセスすることも可能です。学ぶための環境は一昔前とは比べ物にならないほど整備されています。

しかし、皮肉なことに、そんな状況がさらなる格差を生み出しているのです。いくら便利な環境が生まれても、学ぶ意識の低い人は、それを利用しようとしないからです。

この格差を生み出すのは意識の違いです。つまり、これまで以上に学びの対象に対する問題意識や目的意識が必要になってきたということです。

自ら学ぼうという意識を持つ者にとっては、とてもいい時代です。でも、能動的に学ぼうとしない者にとっては、しんどい時代になってきたと言えます。ただ授業を聞いているだけ、講義を受けているだけの姿勢では、どんどん知識の格差、情報の格差が開いてしまうからです。

また、目的意識や問題意識を持つと持たないとでは、学びの中から受け取るものも違ってきます。「講義さえ受けていればいいでしょ」という人と、「自分のために学ぼう」という意識を持つ人では、理解の深さも違いますし、気づきを得る機会も圧倒的に異なります。

だからこそ、今一度、何のために学ぶのか、どんな自分を実現するために学ぶのか、目的意識を確認してみることが必要です。

そして、学ぶために自らアクションを起こす習慣をつけることが大切です。

3 「忙しいから学べない」ビジネスパーソンは失格

仕事優先という免罪符はもう使えない

「仕事が忙しいから、学ぶ時間がとれない」

これはビジネスパーソンからよく聞くセリフです。

今までは、「それは大変ですね。仕事優先だから仕方ないですね」で大目に見られてきました。「仕事が忙しい」という言い訳は、あらゆるものに使える免罪符のようなものです。忙しいと言えば、研修も家庭サービスもパスすることができました。

しかし、もはやそのような時代ではありません。

たとえば、反転学習を取り入れた企業研修でも、動画を視聴したり、資料を読み込むといった事前準備をまったくせずにやって来る人がいます。理由を聞いてみると、仕事が忙しく、事前準備をする暇がとれなかったということです。

たしかに、忙しい毎日の中で研修の準備に時間をとるのは大変でしょう。これまでなら、「営業は忙しいですから、仕方ないですね」と大目に見られてきました。私たち研修を行う側も、受講者の仕事に気を遣ってきたのは事実です。

しかし、今は仕事の生産性が問われる時代です。事前準備もできないほど忙しいのは、むしろ上手に仕事を片付けられない人と見られてしまいます。

「生産性が悪いから、このような研修を受けて仕事のやり方を見直そうとしているわけですが、事前に動画を観る時間もとれない今の仕事ぶりをどう考えますか？」

忙しさを理由にして準備を怠ると、こんな問いかけが投げかけられてしまいます。

自分から学びに投資する

忙しいことが評価され、多少のことは大目に見てもらえる時代では、もはやありません。

これからは自分自身で、学びと生産性の関係を意識することが必要です。成果や生産性を上げるためにスキルや知識を学んでいるのだということを自覚しましょう。

「忙しくて学べない」から「学ばないから忙しい」へ

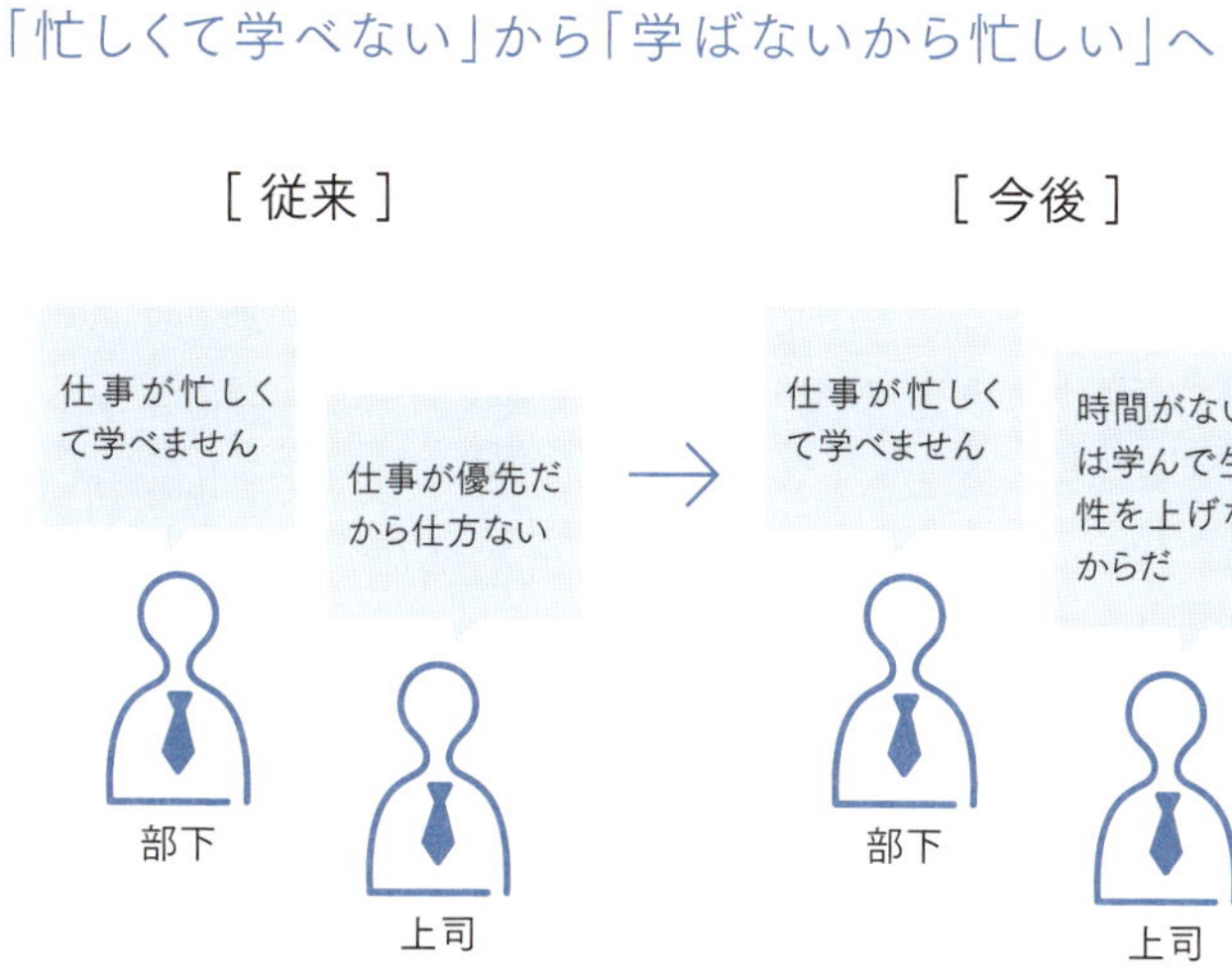
時間がないのは学んで生産性を上げないからだ

「忙しいから学べないのではなくて、学ばないからムダに忙しい」のです。

今学ばなければ、この先もずっと仕事に追われ、忙しいままです。それで仕事の充実を感じ、人生を謳歌することができるでしょうか。

学びに対する投資は、すぐには回収できないかもしれません。しかし、一段上のスキルを身につければ、それは後になって大きなリターンをもたらしてくれるはずです。

忙しいことを言い訳にせず、学びましょう。それはあなた自身の将来に対する大切な投資なのですから。

4 学び は人生を自分で明るくしデザインする手段

学び続け、働き続けることは苦痛か？

「何十年もずっと学び続けなければならないなんて、大変な時代だ」
ここまで読んで、そう思われた読者もいるかもしれません。
しかし、学びに対する見方を少し変えれば、そうした考え方も変わると思います。

コンサルタント時代の私の大先輩の中には、70代でもバリバリと仕事をしている人がたくさんいます。彼らが老体に鞭打って働いているかというと決してそんなことはなく、生き生きと輝いているように見えます。むしろ早期に引退してしまった人のほうが、寂しく、張り合いがないと感じていらっしゃるようにも思えます。

ずっと現役のコンサルタントとして仕事を続けていられるのは、彼らが今でも学び続けているからにほかなりません。常に学ぶ姿勢を忘れずに、新しい知識や情報を吸収しているからこそ、いつまでも輝いていられるのです。

私自身、大先輩たちの背中を見ながら、いっそう学んでいこうと決意を新たにしているところですが、もう1つ気づかされることがあります。

それは、彼らが楽しんで学んでいること。そうです、新しい知識や情報を知ること、新しい経験を得ることに喜びを感じているのです。

学ぶことを苦痛ととらえていると、まだまだ長いこれからの人生まで苦痛になってしまいます。

どうせ学び続けなければいけないなら、楽しく学ぶことはとても大切なことです。

40になっても、50になっても、新しい知見を得て、以前できなかったことができるようになることは、楽しいもの。1つ賢くなることを喜びにできるなら、人はいくつになっても成長することができるはずです。

そのためにもぜひ、本書を参考に、上手な「学び方」を身につけてください。

CHAPTER 1

こうすればあなたの「学び」は失敗しない

ビジネスパーソンが身につけたい「大人の学習法」

1 学生の学び方とアダルトラーニングの違い

本書が想定する「学び」の範囲

本書でご紹介するのは、ビジネスパーソンのための学習方法です。といっても、資格試験や語学習得などを主眼に置いた学習方法ではありません。もちろん、それらの学習にも応用できるテクニックはたくさんありますが、基本的には左の表にあるような、仕事やキャリアに直結するスキル・知識の学習方法です。

さて、すでに社会人になられている方は、学生時代にかなりの勉強をされてきたと思います。その際、学校や予備校で教わった勉強法、自分で編み出した独学法を身につけられたことでしょう。

それなのに本書を手に取られたということは、学生の頃に有効だった勉強方法がビジ

本書のメソッドが有効な学習領域

スキル系

仕事やキャリアに直結するスキル。たとえば……

コアスキル	ロジカルシンキング／プレゼンテーション／問題解決力／コミュニケーション／交渉力／ドキュメンテーション／営業力／他
マネジメントスキル	リーダーシップ／プロジェクトマネジメント／コーチング／リスクマネジメント／他

知識系

仕事やキャリアに直結する知識。たとえば……

業務系知識	マーケティング／財務諸表／実務知識／経営分析／人材戦略／他
業界系知識	自動車業界／IT業界／食品業界／他

ネスパーソンとして何かを学ぶ際にはいまひとつ通用しない、ということに気づかれているからではないでしょうか。

それもそのはず、両者は同じ「学び」ではありますが、大きく性質が異なるのです。その違いを認識することが、ビジネスパーソンの学びを成功させる第一歩になります。

アダルトラーニングとチャイルドエデュケーション

学生の頃に成績優秀だった人が、期待されて入社したのにあまり成果をあげられない。これはよくある話です。どこの会社でも、学生時代の成績が非常に優秀だったにもかかわらず、半年ほどの新人研修の途中で脱落してしまう人がいます。

彼らはなぜつまずくのでしょうか。

この問題を解く鍵は、「アダルトラーニング」と「チャイルドエデュケーション」という2つの用語にあります。日本語に訳せば「成人の学習」と「子どもの教育」――これら2つを比較してみると、違いがよくわかります。と同時に、成績優秀な学生が必ずしも優秀なビジネスパーソンになるとは限らないこともご理解いただけると思います。

以下、3つの観点から、両者の違いをご説明しましょう。

①目的・意義

言うまでもなく学生の本分は「学ぶ」ことです。「なぜ学ぶか」といった問答はある意味不要。勉強をしないという選択肢は、学生をやめる以外にはありえないからです。

他方、ビジネスパーソンにとって、学ぶことは目的ではなく、「稼ぐため」「なりたい自分になるため」の手段です。言い換えれば、学びによって得られた知識・スキルを、仕事や人生に役立てることが目的です。そしてその目的は、誰かや会社が設定してくれるわけではありません。自分で設定する必要があります。

ここが学生とビジネスパーソンの大きな違いです。ビジネスパーソンは必要がなければ、「勉強をしない」という選択肢をとることも可能なのです。それでも自ら意を決して「勉強をする」という選択肢を選ぶなら、自分でよほどしっかりとした目的や意義を設定しておかないと、その学びはうまくいきません。

人間は楽なほうに流れたがるものなので、生半可な決意では、すぐに「勉強をしない」という選択肢のほうに傾いてしまいます。「なぜ学ぶのか」をしっかり自問自答し、「学びから得た知識・スキルを将来どうアウトプットするのか」まで考えておかなければ、「稼ぎにつながる学び」にはなりえないのです。

私がインストラクターとして研修をする際は、受講生に対して最初にこう確認します。

「今日は何をしにきましたか？」

これが第一声です。まず、「あなたはなぜこの研修に来たのですか？」「何を学んで帰りたいですか？」というところを尋ねるのです。学びの目的を紙に書いてもらったり、一人ひとり自己紹介のなかで発表してもらいます。

その際、明らかに「とことん学んで、すべての知識・スキルを盗んで帰ってやる」ぐらいの勢いがある人ばかりならけっこう。目的・意義をくどくどと語る必要はありません。

けれども、「上司に言われたから、とりあえず来ました」みたいな方が多いと、ここでものすごい時間をかけます。そうしないと、その後2日間・3日間と時間をかけて研修をしても、まったく効果がないからです。

学生なら目的・意義がなくても、圧倒的な時間と量でそれをカバーすることが可能ですが、ビジネスパーソンには基本的に時間がありません。効率と密度を高めなければアダルトラーニングはうまくいかないので、そのためにも目的や意義を自分でしっかり設定することが求められるのです。

学生の勉強とビジネスパーソンの勉強の違い

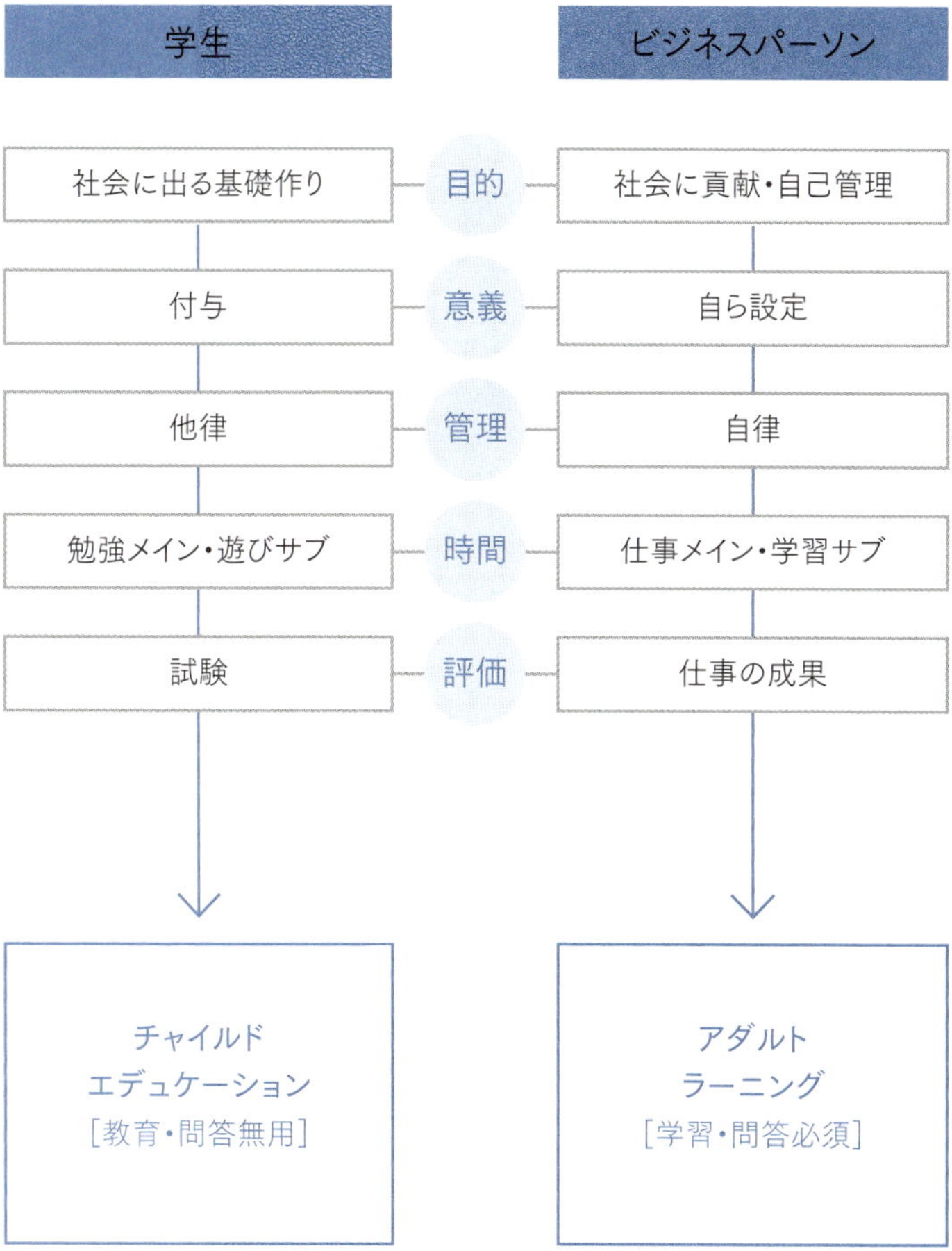

②管理・時間

大人になるとすでにいろいろな考え方が出来上がってしまっているので、いくら上司や社長から「やれ」と言われても、モチベーションはなかなか上がりません。また学校ではないので、誰かがカリキュラムを組んでくれるわけでもありません。

アダルトラーニングでは、学習に対しての時間、メンタルの管理をすべて本人が自律的にする必要があります。

③評価

学生の頃の学びの評価は試験の結果であることが多いのですが、ビジネスパーソンにとっての学びの評価は仕事の成果になります。つまり、「適切なタイミングでアウトプットできるか」「バリューにつながるか」ということです。

どれだけ知識を身につけても、どれだけスキルを習得しても、その結果得た知識・スキルをいざというときに発揮できなかったり、本人は発揮したつもりでも価値が認められなかったりすれば、学習の成果はなかったということになるのです。

アダルトラーニングの3つのメリット

アダルトラーニングを身につけるメリットを3点、まとめておきましょう。

①プロとして稼げるようになる

ドッグイヤーという言葉でも追いつけないほど目まぐるしい変遷を見せる現代ビジネス社会。すべてのビジネスパーソンは、常に新しい知識やスキルを、バリューを生み出すレベルまで、スピーディに学び続けることを求められます。「バリューを生み出すレベル」というのが重要で、ここが「チャイルドエデュケーション」との違いです。

学び力を身につけることで、これが効率よく可能になります。

②順応力が身につく

コンサルタントを辞めて異業種に転職した知人が、「どこに行っても、すぐに順応ができる。それは、コンサルタント時代に鍛えられたおかげだ」と言っていました。私自身、2013年に独立して講演や執筆活動の他に、ダイバーシティやワークライフバランスの推進など、新しい取り組みにチャレンジしているのですが、まったくの同意見です。

人生100年時代には、1つの仕事、1つの職場だけでキャリアをまっとうすることが難しくなります。しかし学び方を身につければ、新しい仕事や職場でも、すぐに結果を残せる順応力が身につきます。

③なりたい自分になれる

知識やスキルを自在に身につけることができれば、自分のキャリアや人生を思うとおりにデザインできます。自分がやりたいことにあわせて、学び、稼ぐことができるのです。

私も独立してからは、新しい取り組みにチャレンジし、日々「学び」続ける毎日を送っていますが、だからと言ってプライベートを犠牲にするようなことはしていません。毎日17時には仕事を終え、睡眠時間や趣味の時間もしっかり確保しつつ、収入は会社勤務時代の2〜3倍です。

2 学んでも仕事やキャリアにつながらない人の共通点

学びには4つの段階がある

アダルトラーニングでは、仕事でバリューが出せることが目的だという話をしました。ではバリューが出せるレベルとはどのような状況をさすのでしょうか。

私は、学びには4つの段階があると考えています。それは、①概念の理解、②具体の理解、③体系の理解、④本質の理解です。そしてバリューが出せるレベルとは、③と④だと思うのです。

47ページの図をご覧ください。それぞれの段階について、詳しくはCHAPTER2で述べますが、本書の全体に関する大事な図ですので、野球を例に、ここで簡単に説明しておきます。

ステップ1の「概念の理解」とは、「知っている」というレベルです。ルールも知っているし、キャッチボールも素振りも、投球理論やバッティング理論も知っている。でも、試合に出たことがないというレベルです。

ステップ2の「具体の理解」は、試合に出たことがあるというレベルです。とりあえず基本プレイはできるけれど、学んだ範囲でしか対応できない。ストレートにはミートできても、見たこともない変化球を投げられればお手上げ。試合には出られるけれど、うまいか、勝てるかというと、微妙なところ。

この「概念の理解」と「具体の理解」までは、言い換えれば体育の授業で教えられるレベルです。つまり、チャイルドエデュケーションで達成できる範囲です。ただし、プロ野球選手にはなれません。つまりバリューを生まないレベルなのです。

バリューを生むのは、ステップ3の「体系の理解」レベルからです。基本知識、技能は習得済みで、さらに自分なりにそれを応用できるレベルです。

バッターとしては、カーブでもフォークでも対応できます。守っては高度な捕球もできます。投げては強打者を相手にしても配球を散らし、三振か、あるいはゴロに仕留め

学びのステップ

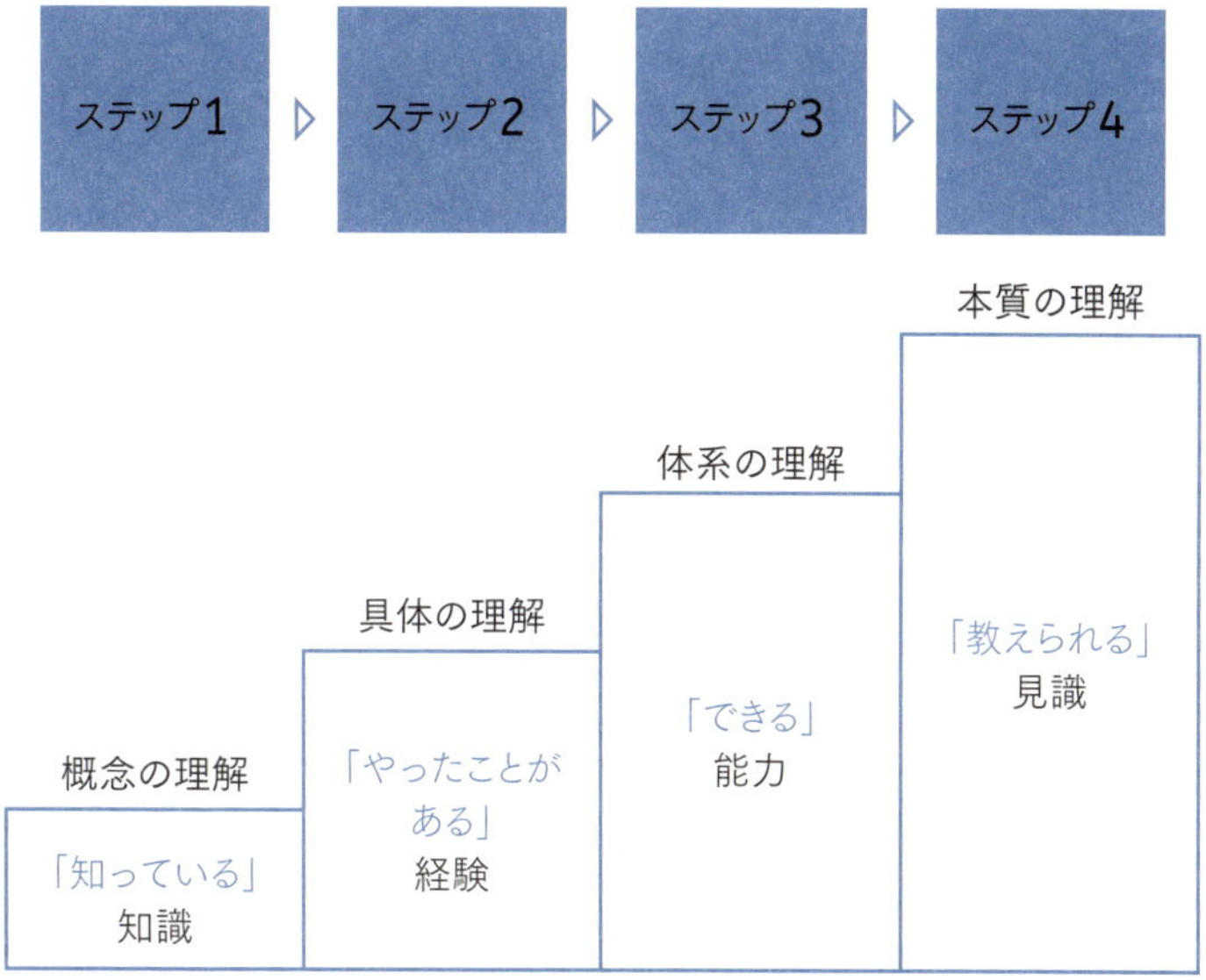
ステップ1
ステップ2
ステップ3
ステップ4
本質の理解
体系の理解
具体の理解
概念の理解
「教えられる」
見識
「できる」
能力
「やったことがある」
経験
「知っている」
知識

る実力があります。ここまで来ればバリューを生み出していると言えます。

ステップ4の「本質の理解」にいくと、プロ野球なら主将かエースクラスです。自分で高度なプレーができるだけではなく、新たな野球理論やテクニックを編み出したり、人に聞かれれば助言やアドバイスもできます。リーダーとしてチーム全体の力を高められるレベルです。ここまで来れば生み出すバリューは「体系の理解」レベルよりさらに跳ね上がります。

稼げるレベルの手前で多くの人が学びをやめてしまう

私がインストラクターとして研修をしてきたなかで一つ気づいたことがあります。それは、多くの人が「概念の理解」「具体の理解」までは学ぶのに、その先の「体系の理解」「本質の理解」まで学び続けないということです。

その原因としては、「具体の理解までできれば、とりあえず足りることが多い」ことと、「学生時代の受験の要領（チャイルドエデュケーション）で達成できるのが具体の理解まで」ということが考えられます。

このことは2つの点から、非常にもったいないと言わざるを得ません。

1つは、「具体の理解」まではバリューを生まないので、ビジネスパーソンとしてはあまり評価されないということです。このレベルは、最低限できて当たり前、あるいは誰か他の人でもかまわないレベルです。だから、せっかく学んでも評価は低いのです。

2つ目の理由は、あともうひと踏ん張りするだけで世界が変わるということです。4つの段階で一番つらいのは、実は最初の2つの段階です。そこをクリアできたなら、その勢いを駆って、かなりスムーズに次の2つの段階に進むことができるのです。

あとほんのわずかな継続で学びがバリューを生みだすところなのに、多くの人がそこで満足して学びをやめてしまう。本当にもったいないことです。

本書の目標はステップ2をクリアし、3、4へと進んでいくことでもあります。

3 キャリアマネジメントとつなげると「学び」はうまくいく

目標のない学習は成功しない

具体的な学び方についてはCHAPTER3以降で詳細にお話ししますが、その前にぜひ知っておいていただきたいことがあります。

それは、「学びを成功させる5つのコツ」です。直接的なハウツーではなく、いわば基本思想で、これをベースとして頭に入れておけば、自分なりの応用を効かせることができます。

1つ目のコツは、「学びはキャリアマネジメントと直結させる」ということです。

本書は、キャリアの構築について述べる本ではありませんが、この点を突き詰めて考えておかないと、アダルトラーニングは成功しないと言っても過言ではありません。

何かを学ぶ前に自分のキャリアについて真剣に考え、その学びが将来のなりたい自分に直結しているかどうかを問い直す。遠回りのように感じるかもしれませんが、これはアダルトラーニングの絶対条件です。

たとえば、決算書や財務諸表の読み方。ビジネス書でも定番のテーマです。とくに春先になると、「これを身につけるのは社会人の常識」とばかりに、この種の本がたくさん書店に並びます。みなさんもおそらく、一度は買ったり読んだりした経験があるでしょう。

ただ不思議なのは、そういう現象があるにもかかわらず、決算書や財務諸表を読めないビジネスパーソンがあまりにも多いことです。なぜでしょうか?

ズバリ、決算書や財務諸表を勉強することが、自分の将来のキャリアと直結していないからです。

大半のビジネスパーソンが「この程度の知識がないと、恥をかくかな」くらいの気持ちで入門書を買い、とりあえず読んでみるだけです。入門レベルならさほど難解でもないので、「なるほど、そういうことか」でおしまいにしてしまいがちです。

つまり、学びは「概念の理解」でストップし、次のステップに進めません。それどころか、数カ月後にはもう、本で得た知識さえ頭から消え失せ、「読んだことがあるなあ」程度の記憶しか残っていない人も少なくありません。

また、英語などの語学習得でも、この手の話をよく聞きます。友人が語学教室に通っている。著名な経営者が「これからのビジネスパーソンには英語が必須スキルだ」と言っていた。英語で電話の応対をしている同僚がうらやましかった……。こういったきっかけから語学教室に通い始めたはいいけれど、自分のキャリアと直結する目標がないために、途中で挫折した、なんて例は山ほどあるのです。

そうならないために、学びの先にある自分の将来像をイメージすることが重要なのです。決算書や財務諸表を勉強するなら、「会計を極める」「経営者になる」「ビジネスのプロになる」など、なりたい自分の将来の姿を思い描くことができて初めて、勉強も長続きするのです。

同様に、語学の習得にしても、「同時通訳者になる」とか「海外支社でバリバリ働く」「世界を舞台にビジネスを展開する」といった自分の将来像がイメージできるならば、がんばりが長続きするはずです。

単なる一般教養としてではなくビジネスに役立てるために学び、バリューを出したいのであれば、まず、「何のために学ぶのか」「どんな自分になりたいのか」を明確にして、「私はこういう仕事をして、こういう風になりたい」というキャリアビジョンを描きましょう。そこから逆算して、学ぶべき知識やスキルを決定するのです。

キャリアプランから「何を学ぶか」を逆算する

キャリアプランの立て方について本書で詳細に述べることはできませんが、私がかつて在籍していたＩＢＭで使われていたキャリアマネジメントとラーニングマネジメントの図が参考になるので、少しだけご紹介することにしましょう（55ページ参照）。

キャリアプランの出発点は、社会的価値を考慮しつつ、自分は将来どんな人材になりたいのかという「定性的無期限目標」を立てることです。これは現時点で見定めるゴールです。10年後くらいの自分を思い描くといいでしょう。経営者になっていたい、こういう分野の第一人者になっていたい、といったことをハッキリさせるのです。

それを確定させたところで、次はもう少し近い将来、3年後ぐらいを想定して「定性的中期目標」を立てます。10年後に定性的無期限目標を達成して、なりたい自分になるためには、3年後の自分がどうなっているのが望ましいか。そういうプロセスを詰めていくのです。

その際、「○○の仕事で年収○○万円を得ている」「年間1冊のペースで本を上梓している」というように、できるだけ数値的な目標に落としこみましょう。そうしたほうが、3年後の目標が達成できたかどうかを確認しやすいのです。

そこまでできれば、あとは簡単。3年後の目標に向けて、今年は何をすればよいのかという学習目標が自ずと浮かび上がってくるはずです。こうしてゴールからブレイクダウンして短期的アクションを抽出していくプランニングを行うと、キャリアマネジメントとラーニングマネジメントを直結させることが可能になります。

私の場合、当時「プロを育てるプロになりたい」という定性的中期目標を立てました。そのために何を学ぼうかと考えて、たとえば「人事制度や人材開発について知らなくてはいけない」「教育にはどんな種類があって、今のトレンドは何かを知らなくてはいけない」などの具体的アクションを抽出しました。それをもとに仕事の計画を立てたり、学習計画を立てるのです。

このように、自分のキャリアの目標から逆算して学ぶべきテーマを設定すれば、学習に対するモチベーションが維持しやすく、途中でぶれることもありません。目標は状況に応じて変わってもかまわないので、まず自分はどうなりたいのかを考えるところから始めることが大切です。

キャリアマネジメントとラーニングマネジメント

定性的 無期限目標

将来、自分は社会的価値から考えて
どんな人材になるのか

・この組織に所属することで、そのうちの何を実現するか

↓

定性的 中期目標

そのためには3年後に
どんな人材になっているべきか

・どのような人物になるか、誰のようになるか（組織内、組織外）

↓

定量化

その3年後の目標が達成されたことを、
どのような形で確認するか

・他人から客観的に見た場合、何が実現できていればそう見えるのか

↓

短期的 アクション抽出

そのためにはこの1年、何をするか、
組織に何を期待するか

・仕事の計画
・学習の計画（研修、自己学習等）のスケジューリング
・組織、上司への支援要望

仕事をしていると、次から次へといろんな仕事が割り込んでくるものです。私自身も、忙しくて学習どころではなくなった時期が何度もありました。そんなときにもしキャリアプランという軸を持っていなかったら、目の前の仕事に振り回され、「自分は本当は何がしたいのか」という目標を見失う恐れがあります。

目の前の必要に迫られて、そのためだけの学習を対症療法的に続けていると、ちょっと仕事や情勢が変わっただけで急にやる気が失せてしまうもの。そういった事態を招かないためにも、キャリアマネジメントを考えておくことが重要なのです。

仕事とキャリアプランを想像力でこじつける

自分の学習テーマが、毎日取り組んでいる仕事と深く関わっていれば、当然、学習はかなりはかどるでしょう。しかし、そううまくはいきません。目の前の仕事が自分の将来のキャリアプランと常に密接につながっているとは限らないからです。

インストラクターとして指導していると、若い人からこんな質問をよく受けます。

「やりたくない仕事を割り振られたら、どうすればいいですか？」

「自分が学習したいこととはまったく関係ない仕事を指示されると、仕事・学習いずれに対してもモチベーションが上がりません。どうすればいいですか？」

たとえば、自分は戦略コンサルタントになりたいのに、プログラミング業務をやれと言われた場合。みなさんなら、どうしますか？

よく見かけるのは次の2パターンです。

①安易に転職やキャリアチェンジを考える

②不満を抱えながら学習や業務を行い、徐々にモチベーションを下げていく

まず①についてですが、これは最後の最後の手段です。必ずしも転職すれば自分のキャリアプランに沿った仕事ができるとは限らないからです。

次に②についてですが、何事も嫌々取り組んでいては効率の悪い時間となってしまいます。ビジネスパーソンはただでさえ時間がないのですから、これも避けるべきです。

では、アサインされた仕事とキャリアプランとが乖離している（ように思える）場合、どうすればいいのか。その仕事をする、それを学ぶことが将来どう役立つのか、自

分なりに意義付けをする必要があります。そして実際に、その仕事で何かを学びとるのです。

先の例なら「自分は戦略コンサルタントになりたいが、今や経営戦略はＩＴを知らなければ語れない。現在はＩＴしか知らない人材とＩＴがわからない経営者が多い。自分はどちらもわかる人材になりたい。プログラミングはＩＴの基礎だ。ロジカルな考え方や現場の業務を知ることもできる。この仕事は自分のキャリアプランに合致する」といった具合にです。

学び上手な人は、こういった意義付けが上手な人でもあるのです。

星と星をつなげて星座にする

与えられる仕事と自分のキャリアプランとの兼ね合いを考えるとき、私はいつも、コンサルティングファームに転職して間もないころに先輩から言われた言葉を思い出します。それは、

「会社からアサインされる仕事のうち、自分のキャリアと結びつくものなんてほとんどない。それが当たり前だ」

というものです。先輩はそう釘を刺すことによって、「自分の思うような仕事ではないからといって、やる気を失うな」と伝えたかったのではないでしょうか。彼はさらに、

「夜空の星一つ一つは、独立したただの星でしかない。しかし、星と星をつなげれば、星座になる。キャリアと仕事の関係も同じだ。一つ一つの仕事には、何の関係性もないように見えるが、それらをうまくつないでいけばキャリアという星座を作ることができる」

とも言いました。私が若いころ、自分のキャリアプランと関係あろうがなかろうが、とにかく目の前の仕事にがんばれたのは、この言葉があったからです。

この話を聞いて、故スティーブ・ジョブズ氏が2005年にスタンフォード大学で行った有名なスピーチを思い出された方もいるかもしれません。彼が伝えたいと思ったことの一つは「点と点をつなげる」ということでした。エピソードとして、彼が大学を退学する前にたまたま受けたカリグラフィーの授業で得た知識は、マッキントッシュを

開発するときに急によみがえり、美しいフォントや字間調整機能などが生み出されたという話をしています。今、目の前にある仕事や学習テーマの本質をきちんと学びとっておけば、いつかそれは必ず活かされる時が来ると私は思っています。

もう一つ付け加えると、一見自分のキャリアに関係がないと思われる仕事でも、〝食わず嫌い〟をせずに受けることは大切です。そうすれば、自分自身では気づかない潜在能力を見出し、思わぬキャリアを描くチャンスを得ることもできます。

みなさんもこのことを心に留めて、与えられたチャンスをフイにしないよう気をつけてください。

4 お金を意識する

これを学ぶと、いくらになるか？

「学びを成功させる5つのコツ」の2つ目は、お金を意識することです。キャリアを意識することとやや近い話になりますが、ビジネスパーソンが何かを学ぶときは、やはり収入との関係を意識しておくほうがいいでしょう。

「この勉強をしたら、どんな仕事ができるようになるのか？」
「それによって、どれぐらい収入が上がるのか？」

というような問題意識やキャリア意識を持つことは決して下品ではなく、遠ざけておくべきものでもありません。逆にこういう意識との連携がない勉強は長続きしません。教養として何かを学ぶのであれば、あえてお金を意識する必要はないでしょう。しかし、仕事のための勉強と、自分の人生を豊かにするための教養としての勉強は、まったく性質が異なります。

何のために勉強しているのか、というメジャメントが見えなければ、学習は稼げるレベルまでには至らず、教養を身につけただけに終わることが多いのです。

学習にも費用対効果の意識を持つ

お金や収入を意識すると、学習意欲ががぜん違ってきます。

たとえば財務諸表の見方を勉強するとします。単に「社会人として、これくらいは読めるようになりたいな」と思って勉強するより、「今は仕事ですぐに活かせないかもしれないけど、将来経営企画室に行きたいから、これは欠かせない知識だ」とか、あるいは「株式投資で資産を増やそう」などと、お金やキャリアにリンクしているほうが、勉強もはかどるものです。

また、学習に対しての投資も、「これくらい収入がアップするなら、これだけ投資しよう」と思い切ってできるようになります。本を何冊買っても、高いとは思わなくなるかもしれません。収入が500万円上がるとしたら、20冊の本くらい平気で買えますよね。せいぜい5万円の投資で500万円のリターンが得られるのですから、これほど高い投資効果は他にはないと言っても過言ではありません。

身銭を切った学びは身につく

少し余談になりますが、「身銭を切る」ことも社会人の学びの鉄則です。

それに関連して思い出すのは、骨董を極めたある人が、「身銭を切らないとその道は極められない」とおっしゃっていたことです。骨董は本当にお金がかかります。騙されて贋物をつかまされるようなこともあるでしょう。そんなとき、「すごい悔しいから、もう騙されまいと、真贋を見る目を磨く勉強をする」そうです。その勉強のなかに、「自分で何百万円を払って骨董を買う」という実践も含まれます。そのくらいしないと、鑑識眼は身につかないし、骨董を極めることもできないのです。

何にせよ、他人や会社のお金で買うのと、身銭を切るのとでは、真剣味が全然違います。みなさんも、本は図書館で借りずに自分のお金で購入する、有料セミナーに参加するなら、会社の経費で落とさずに自分の財布からお金を出すなどして、どんどん身銭を切るよう心がけてください。

5 「オープン」にすることで学びの成功確率を高める

やってはいけない「黙って闇練」

3つ目のコツは、学びのオープン化です。

社会人になってからの勉強というと、どうしてもコッソリとやってしまいがちです。趣味や教養の勉強ならそうでもありませんが、仕事に直結するテーマだと、とくに人に知られたくない気持ちが強く働くようです。

「いまさら、こんな勉強をしているなんて、自分の無知をさらすようなもの。何も知らない・できないことが、周囲にバレてしまうのは悔しい」

「学習成果が上がらなければ、恥をかく」

そんな心理的要因から、「黙って闇練」派が多いのではないかと推察します。

何を隠そう、私もその一人でした。

アパレルメーカーからコンサルティングファームに転職した当初、自分が何も知らない、できないことが悔しくてしょうがありませんでした。

中途採用で入った身としては、周囲の人たちに「できる人」だと思われたい。前の会社でそれなりにキャリアを重ねてきたプライドもある。それで妙に身構えて、「わからない」「できない」とは絶対に言い出せなかったのです。自分より若い新人たちがごく普通に交わしている会話さえわからないのに。

その結果が、「黙って闇練」です。コッソリとたくさんの本を読んで、猛勉強をしました。ただ、何かを勉強していると知られるのも屈辱なので、本にはカバーをかけて、絶対にタイトルを見られないよう気を配りました。まさに孤軍奮闘でしたが、そんなふうにコソコソ勉強していても、学習効率が上がるわけはありません。

学びに「いい格好」はいらない

ところが、しばらくして私は勉強方法を、この「隠れて学習する」スタイルから、「わからないことは人に聞いて学習する」スタイルへと一変させました。きっかけは、私と同じ時期に、やはり異業種から転職してきた人が、私とは正反対のこのアプローチで学習してドンドン先に行くのを目の当たりにしたことです。

その人も私と同様、コンサルタントの知識はそんなになかったのですが、「知らないことは恥ずかしいことではない、わからなければ質問すればいい」という考えの持ち主でした。「偉大なる素人」というか、「こんなことを質問したら、恥ずかしいよなぁ」なんてことは発想もしないらしく、自分がわからないことは何でも堂々と質問をするのです。

その人はプライドなんて捨てて……というより、「知ったかぶりをすることはプライドなんかではなく、単にいい格好をしたいだけ。わからないことをわからないとキチンと言って知識を吸収したほうが、ずっと自分のためになる。ここで聞かずに過ごせば、いつか無知がバレて、プライドはもっとズタズタになる」とわかっていたのでしょう。

それに、自分が気にするほど、周囲は他人の無知を気にしてはいません。どんなに初歩的なことを聞いても、誰もバカになんてしないのです。むしろ、頼られて気分がよくなるのか、喜んで教えてくれるものです。学習スタイルをスイッチしてから、私はこのことを経験的に知りました。

当時の私もそうでしたが、多くの人にとって「知らないことを知らないと言う」のは勇気のいることです。「いい格好をしたい」「知ったかぶりをしたい」という強い誘惑に打ち勝つことは、とても難しいのです。
それでも、その殻を打ち破らなくてはいけません。昔から「聞くは一時の恥。聞かぬは一生の恥」と言われるように、ちょっと恥を忍んで、わからないことはその場で教えてもらうほうが、後々恥ずかしい思いをせずにすみ、得られるものは大きいのです。

学びを宣言すると3つのご褒美が得られる

その人のおかげで私は、自分の無知を隠そうとコソコソせずにオープンに勉強することがいかに素晴らしいかに気づきました。いまでは「勉強はオープンにしなさい」と指導するだけでなく、こんなアドバイスもするようになりました。

「何かを学ぶときには、それを周囲に宣言しなさい」

この宣言の話をすると、「なるほど、宣言をすることによって、自分に対してプレッシャーをかける効果があるわけですね」という感想をよくいただきます。
でも、それは少々違います。そんなふうに自分を追い込むという、どちらかと言えばつらい精神的な効果ではなく、逆に学習を楽にするもっとポジティブな3つの効用があると、私は考えています。

その3つの効用とは、「情報」「期待」「機会」です。

第1に、「情報」。自分が何を勉強しているかを周囲に宣言しておけば、その手助けになる情報が集まりやすくなります。

たとえば「こんな本があるよ」と参考になりそうな書籍を紹介してくれたり、役に立ちそうな講演会の情報を教えてくれたり。もっと直接的に、「私がレクチャーしましょう」という人が現れるかもしれません。こういった情報は、一人でこっそりと勉強していても、なかなか入手できないものです。

第2に、「期待」。勉強の成果を、自分だけではなく、周囲にも共有してもらえるので、モチベーションを維持しやすくなります。

勉強が挫折する理由の1つは、モチベーションの低下にあります。自分が勉強していることを周囲が知っていると、彼らが「どこまで進んだ?」「どのくらいレベルアップした?」などと興味を示してくれます。

誰にも知られずに勉強するより、周囲が絶えず勉強の進展に目を光らせ、いっしょになって成果を期待していてくれるほうが、モチベーションを維持しやすいことは言うまでもありません。挫けそうになったときも、「期待しているよ」という周囲の叱咤激励があれば、モチベーションがぐんと上がるでしょう。

また、上司の立場に立って考えてみても、「自らの意思で学習している部下がいる」という事実は非常に頼もしく、その成長に期待・援助したくなるものです。

第3に、「機会」。学習の成果を実践する機会を得ることができます。

たとえばあなたがITについて勉強しているとします。もしそのときに、会社のウェブ事業室で人員を探していたらどうでしょう？　上司や経営者があなたの勉強について把握していれば、推薦してくれるかもしれません。

周囲に「学んでいる」と宣言しておくことは、実践的に学べる機会を得ると同時に、自分の自己実現の機会をも得る可能性が開けるのです。

打たれることを恐れない

私がこれだけ「自分が勉強していることをオープンにすると、メリットがありますよ」と言っても、なかなか実行に移せない人もいます。

オープンにするということは、周囲の指摘や批評の目にもさらされることなので、どうしても打たれることを恐れてしまうのです。

ここは覚悟が必要です。アダルトラーニングでは、打たれることを避けて通ることはできません。黙って一人で身につけた知識やスキルでは、みんなにオープンにして叩き上げられたスキルや知識に絶対にかなわないからです。より仕事ができる、より稼げるのは後者なのです。

それに、辛口の言葉を投げられるということは、裏を返せば「見込みがある」と思われている証拠です。学びに対する貴重なフィードバックです。「喜んで打たれよう」と、腹を括ってください。

ビジネスにはそもそも、百点満点なんてありえません。しかも、時々刻々と情勢は変わるので、たとえ今日は満点であったとしても、明日は30点になる可能性もあります。だから、自分が完璧だと思ったことに対しても、周囲の人が百点を出してくれるわけはないのです。

場合によっては、一流のビジネスパーソンになってもらうために、あえて辛口の言葉をぶつける人もいるでしょう。それを避けるのではなく、むしろありがたく受け入れて、オープンに学び続けることが、質の高いアダルトラーニングにつながるのです。

6 全体を把握してから各論に入る

前工程と後工程を知る

4つ目のコツは、学びは「全体から各論に入る」ということです。

前工程と後工程が見えない仕事はつらい、というのが定説です。

たとえば自分がB部署にいて、A部署から受け取ったものを加工した上で、C部署に渡すことが仕事だとします。その場合、あらかじめA部署とC部署のことを知っていて誰が何を期待しているかがわかると、パフォーマンスがよくなります。

しかし、まったくA部署とC部署のことを知らないままB部署に放り込まれると、ものすごくパフォーマンスが落ちるようです。

これが何を意味するか。同じ作業をするにしても、自分がここでどんなバリューを出せばいいのかがわかっていなければ、能率が落ちるということです。

学習についても、2つの意味でこれと同じことが言えます。1つは、キャリアマネジメントです。

「自分が将来何になりたいのか」――前工程

「これを学ぶことで、どれだけ思いどおりの将来に近づけるのか」――後工程

この2つの工程が見えているかいないかで、学習意欲に大きな差が生じます。その勉強が楽しければまだしも、そうでなければ継続のモチベーションに問題が生じます。

もう1つは、学習の進め方です。

何かを学ぶときには、闇雲に何か1冊本を買って来て読み始めるようなことをするべきではありません。それは、地図もないのに砂漠を歩き出す、海図もないのに航海に出るようなもの。どんなに進んでも、どこまで行けばいいのかがわからなければ、士気は萎える一方でしょう。

まずは、一日二日かけてもいいので、学習の全体像を把握することが必要です。

どんな分野があって、どこに力を入れて、どれだけの時間勉強をすればいいのか。まず何を勉強して（前工程）、次に何に着手すればよいか（後工程）。

これがわかっていれば長期に渡る学習計画であっても迷わずに進めることができます。

スパイラル型学習を心がける

全体を把握してから学習すれば、スパイラルに学ぶことができます。

どういうことかと言うと、あるテーマに対して一点突破で学習するのではなく、全体をまんべんなくなぞりながら、着実に学習を進めていく、ということです。とくに目の前の仕事に直結する学習に対しては、必ずこの「スパイラル型学習」を心がける必要があります。

よく「千里の道も一歩から」と言われますが、ビジネスに限っては「すみません、期日が来ましたが、まだ一歩目までしかわかりません」というのはありえないのです。

たとえばあなたが、法務部の知的財産関係の業務につくことになったとします。法律についての知識はないので、これから勉強しなければいけません。

ここでまずやるべきことは、知的財産に関する法律にはどんなものがあるのか、まずその全体像を把握することです。「知的財産といえば特許かな。とりあえず特許の本でも読むか」などと、短絡的に考えることは避けるべきです。

仮に1週間後に取引先と会うことになった場合、特許についての詳しい知識がないことは許されても、知的財産のなかに意匠権や商標権や著作権があることを知らないことは許されません。

とくに締め切りのある学びでは、打ち合わせがあるその日までに「今はAしか知らないけれど、おそらくBはこんな感じだろう」と言えるくらいには知識武装をしておく必要があります。

ようするに、「詳細については知らなくても、その領域の全体像を大雑把にでも理解しておき、何かしら仮説を述べられる」レベルにしておくわけです。

まずは全体を把握し、スパイラルに勉強する。

期日があり、そのタイミングでバリューを出す必要があるビジネスパーソンにとって、これは必須の勉強鉄則です。

スパイラル型学習と一点突破型学習

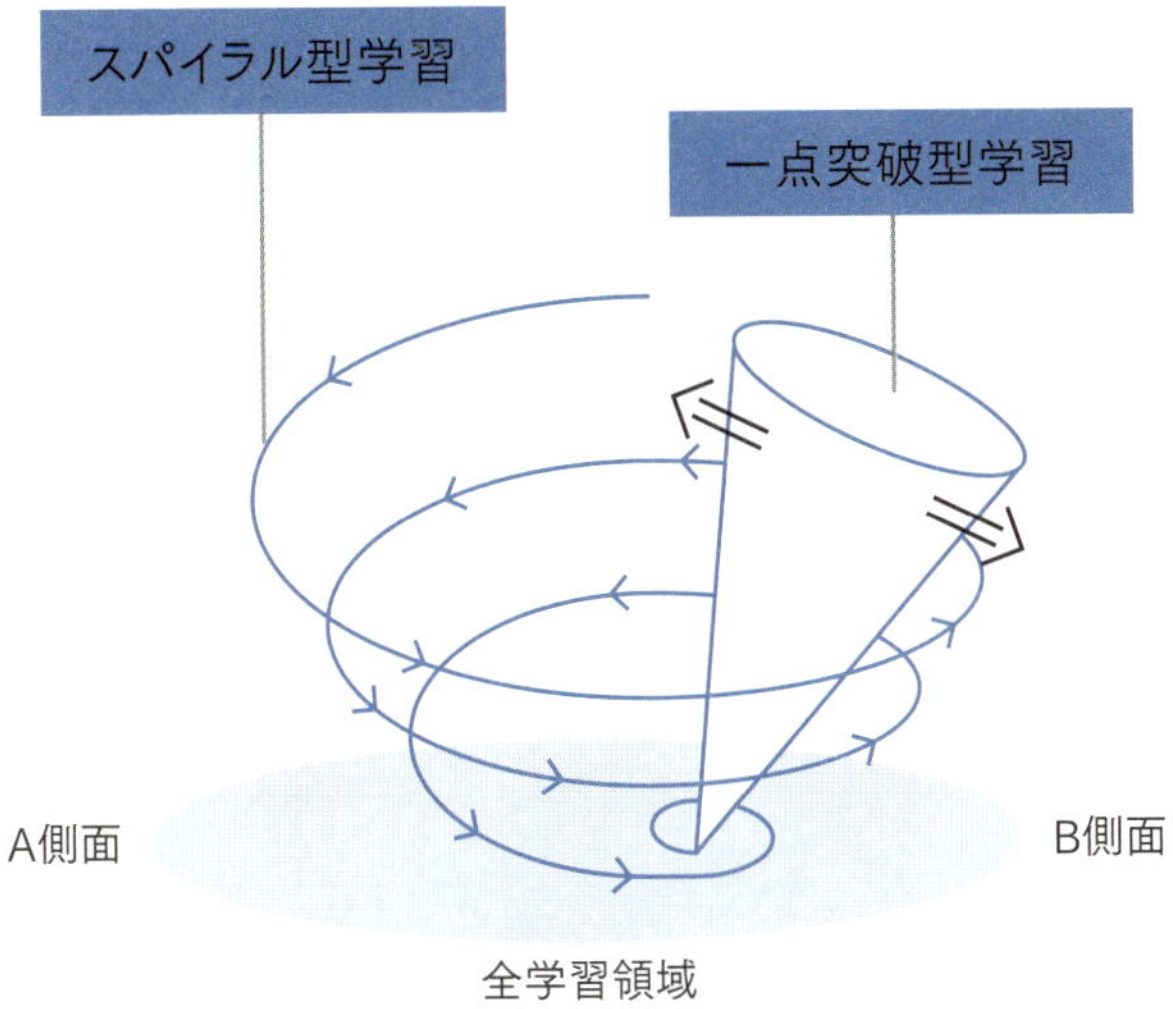

7 「プロ生徒」はNG。未熟でもアウトプットする

学ぶことは「手段」であることを忘れない

「学びを成功させる5つのコツ」の最後は、学びの「アウトプット化」です。

人生100年時代には、常に新しいスキルや知識を学んでいかないと行き詰まってしまう危険性が高くなります。なんでも貪欲に吸収しようとする気持ちこそ、自分を助ける強力な武器になるのです。だからこそ、学ぶ姿勢を持つことは、とても大切です。

しかし残念なことに、一生懸命学んでいるにもかかわらず、それが自分の血肉になっていない人がいます。

たとえば、みなさんの周りにも、ビジネススキルを学ぶセミナーをはしごするように受講し続け、その割には仕事で成果を出せていない人がいませんか？

このような人を「プロフェッショナル・スチューデント」などと呼びます。プロのよ

うな学び屋、セミナーを放浪する人という意味ですが、このような人は、学ぶこと自体が目的化してしまい、何のために学ぶのかという本来の目的を忘れてしまっているようです。

もちろん、学ぶのはスキルや知識を自分のものにして、それを仕事に生かすため。いつまでも学んでいては仕事に生かすことはできませんし、稼ぐための手段に変えることもできません。

さらに言うと、不安感や不足していることを刺激することで、「もっと学ばなくては、自分は一人前ではない」と思わせて、次々と高額なセミナー受講をすすめるような業者も少なからずあります。人から受ける学びで、「ここまでできたら完璧」ということは残念ながらありません。むしろ、できるだけ早く自分の力で実践した方が学びとれることも増えていきます。

アウトプットすることで得られる3つの宝

ビジネスパーソンはただ学ぶだけでなく、アダルトラーニングで学んだことを自分の仕事や稼ぎにつなげるべく、自分から意識して「インプットしたことをアウトプットする」よう心がける必要があります。

実践で試してみてもいいし、誰かに話を聞いてもらってもいいし、質問をしてもいい。とにかく、学んだことは蓄積するだけではダメ。自分のなかでは「まだまだ人前に出せるレベルではない」と思っていても、どんどんアウトプットしていくのです。それには3つの理由があります。

1つは、アウトプットしなければ、よいフィードバックが得られないということです。先ほどお話ししたことと重複しますが、学んだことを実践したり誰かに話せば、必ずそれに対するアドバイスやコメントがもらえるからです。

学生の頃なら、黙々とインプットに徹していても、先生が手を差し伸べてアウトプットの場を提供してくれるかもしれません。でもビジネスパーソンの場合は、自分でアウトプットをしてアピールしなければ、だれも引っ張りあげてくれません。

自分で積極的にフィードバックを取りにいく必要があるのがアダルトラーニングの特徴で、そのためにも小まめにアウトプットしていくことが欠かせないのです。

2つ目の理由は、アウトプットの場が、学習を継続するモチベーションにつながるということです。学んだことを仕事で使う機会がまったくない。話を聞いてもらえる人、フィードバックをくれる人がいない。そんな状態が続くと、キャリアマネジメントをしっかりと立てた人でも、モチベーションを維持することが難しくなります。勉強しっぱなしでは、刺激も受けないし、自分の到達レベルもわからないからです。

学生の頃なら、放っておいても試験というアウトプットの場がありましたが、社会人の場合はそんな機会があるとは限りません。どれだけアウトプットの場を自分で設けることができるかが、学びの成否を決めるとも言えます。

3つ目の理由は、将来、知識・スキルを適切なタイミングでアウトプットするためです。そのために、普段から締め切りを意識したアウトプットの訓練をしておく必要があります。

社会人にとってのスキルは「できる」だけでは価値を生みません。「適切なタイミングでできる」ことが求められます。

私はドキュメンテーションの研修時に「こういうチャートを作ってください。制限時間は30分です」というお題を出すことがあります。そうすると30分の制限時間で完成させられない方が、ものすごく多いのです。

研修でできないことは、本番でもできません。ビジネスで「締め切りに間に合いませんでした。延ばしてください」というのはありえません。「間に合わない」は「できない」、つまり「スキルがない」のと同じです。ここは訓練あるのみです。

また、いざというときにチャンスを逃さないためにも、アウトプットの訓練は欠かせません。ビジネスでは突然「○○についてどう考える？」と意見を求められることもしばしば。いつまでも「まだ勉強中なので」と答えているようでは、チャンスは逃げていくだけです。

ビジネスパーソンは、締め切りが決まっている場合はもちろん、いつ何時でも学びの成果をそれなりにアウトプットできるよう、訓練しておく必要があるのです。

CHAPTER2

「学び」を「稼ぎ」に変える4つのステップ

一流は何をどう学んでいるのか？

1 学びが稼ぎにつながらない2つのパターン

『概念の理解』でつまずくか『具体の理解』でやめてしまうか

学びには4つの段階があることはCHAPTER1でお話ししました。ここではもう少し詳しく、その4つの段階について解説します。

スパイラル型学習のところで「まずは全体像を把握する」ことが学びの成功のコツだと述べましたが、この4つの段階を把握・理解しておけば、自分が何をしなければいけないのか、何につまずいているのか、その時々の状況を理解することができます。

4つの段階とは「概念の理解」「具体の理解」「体系の理解」「本質の理解」です。こう書くとなんだか難しそうですが、それぞれを別の表現に置き換えると、

ステップ1「概念の理解」↓「知っている」（知識）

ステップ2「具体の理解」→「やったことがある」(経験)
ステップ3「体系の理解」→「できる」(能力)
ステップ4「本質の理解」→「教えられる」(見識)

ということになります。次のページの図に、それぞれのスキルがどういう状態を指すかを例示したので、参照してください。

それはさておき、学びが失敗する典型的なパターンは、『概念の理解』でつまずくか、『具体の理解』でやめてしまう」かのいずれかです。前者は「勉強に挫折する」、後者は「理解・習得したけれど、仕事の役に立たなかった」という状態です。

繰り返しになりますが、「具体の理解」で学びをやめてしまうと「やったことがある」という経験で終わってしまいます。もうひとがんばりして「体系の理解」に進むことによって、「バリューを生む」「稼ぎを生む」レベルに到達できるのです。

学びを稼ぎにつなげられるレベルに達するまでには、この2つの壁があることを認識し、くれぐれも挫折しないようがんばってください。

	ステップ2 具体の理解	ステップ3 体系の理解	ステップ4 本質の理解
	やったことがある	できる	教えられる
	経験	能力	見識
	■業務で活用しており、基本操作は1人でできる ■ある一定のパターンにおける応用ができる	■業務に応じて複雑な機能（関数・マクロなど）が活用できる ■トラブル修復ができる ■簡単な操作方法などを教えることができる	■相手のレベルに応じて教えて上達させることができる ■マニュアル・テキストを作成しインストラクターができる
	■固定的なやり方でプレゼンができる ■慣れている状況では良い結果を得られる	■状況に応じて臨機応変にプレゼンのパターンを変えられる ■人のプレゼンを見て優れたところを取り入れられる	■人のプレゼンテーションの改善ポイントを指摘し、上達させられる
	■ある一定の人材・環境に対しては、リーダーシップを発揮することができる	■さまざまなリーダー経験を元に、多様な人材・環境で、臨機応変にリーダーシップを発揮することができる	■リーダー力の高い人材として認知されている ■豊富な経験をもとに自身のリーダーシップ論が確立され、他者に影響を与えることができる
	■自身が経験したプロジェクトと類似した領域のプロジェクトであれば、独力でコンサルティング業務ができる	■複数プロジェクトの経験が自身の中で整理されており、複雑なケースに対応できる ■周囲からその領域の専門能力を認められている	■その領域のコンサルティングにおける見識者として意見を求められる ■豊富な経験をもとに重要なポイントを指摘し、プロジェクトの品質を向上できる

各ステップ別の学習到達状態

理解レベル	ステップ1 概念の理解
状態	知っている
保有しているもの	知識
技術的スキル （例：Excelやプログラミングなど）	■書籍を読んだり、研修などを受けており、アプリケーションやその機能を知っている ■教えてもらえば簡単な操作はできる
コアスキル （例：プレゼンテーション）	■書籍を読んだり、研修などを受けており、プレゼンのやり方は知っている
コアスキル （例：リーダーシップスキル）	■リーダーシップの概念を知識として理解しているが、具体的な行動はイメージできない
業務スキル （例：コンサルティング業務）	■コンサルティングの手法や特定領域の基礎的な業務を理解しており、指示に基づいて、コンサルティング業務の一部を実施できる

2

ステップ1「概念の理解」：基本知識を「知っている」

大量の書籍情報から言葉の意味を理解する

このステップは、その分野の専門用語や基礎知識がわかるようにするレベルです。具体的なアクションとしては、書籍を中心にとにかく情報を収集し、インプットしていくことになります。受験勉強や一夜漬けの詰め込み勉強と通じるものがあるでしょう。

人に聞いたり、先生に教わるインプットも必要ですが、まずこのステップでは大量の書籍情報によって知識の土台を構築することが求められます。というのも、知識の土台がないと、人から効果的に聞くことも教わることもできないからです。「あれも知らない、これも知らない、でも教えてください」では、良質なインプットは得られません。

このステップのゴールは、その領域の言葉や概念を理解し、会議や現場で、「何を言っているのかわからない」という状態を脱することです。

ちなみにここは、４つのステップのなかで最も初歩の段階ながら、一番つらいプロセスでもあることを覚えておいてください。物理や力学の世界でも、物体を動かすときはやはり最初に一番大変なエネルギーを求められます。同様に、学びでも最初に一番労力と時間がかかるものなのです。

膨大な情報に翻弄されない

このステップで注意すべきことは、情報に翻弄されないということです。ここでは膨大なインプットが求められるからこそ、最初にしっかりと全体を把握し、計画的にインプットをしていかないと、その情報量に圧倒され、すぐに挫折してしまうのです。

そうならないために必要なのが「情報マップ」です。詳細は後述しますが、まず「何があるのか」「何を知るべきか」を情報マップに落とし込み、学ぶ領域の全貌を把握するのです。これを作成しておけば、効率よく知識をインプットしていくことができます。

また「学習ロードマップ」を作っておくことも大切です。無理をせずに、適切なタイミングで学びを進展させることができるでしょう。

「情報マップ」「学習ロードマップ」については、CHAPTER３で具体的な作り方、使い方をご紹介します。

3 ステップ2「具体の理解」：経験として「やったことがある」

「百聞」の次のステップ

「具体の理解」は、書籍以外の情報を入手する、あるいは実践を試みて身体にわからせるステップです。膨大な量をインプットするだけでは「物知り」以上にはなれません。百冊を読んだからプロとして仕事ができるかと言えば、それは別問題。自動車の免許で言えば、ある程度の座学を終え、路上教習に出るステップと捉えてください。

もちろん、実践とは言っても、いきなりお客様の前に立つことではありません。このステップで大切なのは、訓練となる機会をどれだけ多く作り出せるかということです。

前に「アダルトラーニングは自律の学び」だと述べましたが、あなたがどんなに勉強をしたからといって、ただ待っているだけではその発表の機会は訪れません。自分でどんどんセッティングしていくしかないのです。

決算書の勉強をしているのなら、まずは自分で決算公告を見て財務分析をしてみたり、小額で株式投資を始めたり。ベストなのは、仕事のなかでそういう機会を作ることです。

また、社内の人間同士で勉強会を開けば、問題意識も似通っているので、そこでの発表が直接会社の役に立つことがあるかもしれません。

いずれにせよ、「転んでもあまり痛くない経験」をどれだけできるか、それが「具体の理解」の成否の分かれ目になります。どんなにインプットをしても、ここでアウトプットの場を作れなければ、「使えないスキルや知識」となってしまうのです。

人からも学ぶ

またこのステップは、先達のやり方を見て「ここがいい」「ここはよくない」と、自分とその人の違いを認識したうえで、スキルを盗むステップでもあります。

たとえば「概念の理解」ができていないときには、漠然と「この人のリーダーシップはすごいなぁ」としか感じられなかったものが、「気の利かせ方が抜群だ」「話しかけるタイミングが絶妙だ」「ビジョンを掲げるときに選んだ言葉が秀逸だ」など、より具体的に学ぶべき要素に気づくようになります。

人のやり方を、他人事ではなく自分事として捉えることができるステップなのです。

4 ステップ3「体系の理解」：プロとして「できる」

バリューが生まれるステップ

ビジネスパーソンとしては、このステップに入って初めて、「できる」「稼げる」能力が醸成されることになります。ここではいろいろな方法、さまざまな角度から何度も実践を経験し、ひたすら場数を踏んでいきます。

「具体の理解」との違いは、借り物のスキルをなぞるだけではなく、臨機応変に対応できる力を身につけることです。「自分の流儀・価値が出せる」ことなのです。

「具体の理解（＝やったことがある）」までは、人とは差別化が図れません。「誰に頼んでも同じ」レベルでしかないからです。この「体系の理解」まで学びを進めて初めて「この仕事は彼（彼女）に任せよう」という域に達せるのです。また、実践を重ねるうちに応用力が累積効果を生むので、学習の成長幅が一番大きなステップでもあります。

多くの人が「体系の理解」まで学びを進めない理由

重要なステップであるにもかかわらず、多くの人が「体系の理解」まで到達できません。ビジネスパーソンにとっての学びが成功するか否か、一番の壁がここなのです。

つらい思いをして専門用語を覚え、試行錯誤をしながら一度やってみた。ああ、できた。もう、わかった。そう言って学びを終えてしまう人が圧倒的に多いのです。「体系の理解まで来られない」のではなく「来ない」のです。実にもったいない。

確かに「具体の理解」まで来れば、ある程度の満足感は生まれます。今、何かできるかと言えば「できる」。わかるかと言われれば「わかる」。でもここで終わってしまえば、それまでにどれだけがんばって勉強しても単なる「経験」で終わります。

それでは、「稼ぎたい」という強い意志で勉強し始めたのに、稼げるようになる直前で自分でブレーキを踏んでしまうようなものです。

「概念の理解」「具体の理解」に比べて「体系の理解」「本質の理解」は、時間や労力がかかりません。勢いと惰性で進められます。多少の努力は必要ですが、そのほんの少しの努力をするか否かが「一流のプロ」と「その他大勢」を分ける境目となるのです。

自信は実践する中でしか培われない

「もう少し、しっかり学んでから実践で使おう。このレベルでは痛い目にあう」

せっかく学んでも、それを使う場数を踏むことに躊躇するビジネスパーソンは多いものです。それだといつまでたっても「体系の理解」をすることはできません。

そもそも学びに終わりはないので「これだけスキルと知識を身につければ、やっていけるだろう」という100%の確信など持てるはずがありません。かつては「確信が60%持てるならゴーサイン」と言われていましたが、今やそれでも遅すぎます。30%程度の確信であっても行動を起こすべきでしょう。

「30%では、やっていく自信がない」という人がいるかもしれません。しかし、自信はいくら本を読んでもセミナーを受けても培われるものではありません。実践する中で「これはこういうことか」と気づきを得ることが本当の自信につながっていきます。

そうであるならば、インプットするだけの時間を極力少なくして、アウトプットしながら同時並行してさらに学び続けるスピード感が必要でしょう。スキルや知識はすぐに陳腐化していくことを忘れずに、学んだことはできるだけ早く自分の仕事やキャリアに生かすことを意識して、走りながら学び続けることが大切なのです。

5 ステップ4「本質の理解」：第三者に「教えられる」

本質を因数分解で示す

「本質を理解する」とは、「悟る」と言い換えてもいいでしょう。その領域について高いレベルでマスターし、自分のみならず、人に教えることもできるレベルです。

このステップの位置付けとしては、「体系の理解」を経てここに至るというより、気がついたらここに入り込んでいたという感覚です。ステップ3と4は、並行して、ずっと継続していくものなのです。

ところで、「本質を理解する」と一言で言われても「本質を理解するとはどういうことか？」「何をもって本質を理解したと判断できるのか？」といった基準が必要です。

私が考える「本質の理解」とは、「つまり○○とは△△である」と一言で語れるようになることです。書籍や人、実践経験から学習したことをすべて集大成して、最後に「結局、勘所はここ」ということを一言で言い表すのです。

言い表し方としては、文章ではなく因数分解の形にする方がより明瞭になるでしょう。たとえば、著名なビジネスパーソンの言葉に次のようなものがあります。

仕事の成果＝考え方×熱意×能力（京セラ創業者　稲盛和夫さん）

こういう一言を言葉として口に出せることが、「本質の理解」ができているか否かの1つの目安になると考えています。

もっとも、自分で導き出した本質が、本当に「本質」なのか、正しいのか、となると話は別です。というより、正しい本質など、誰にもわかりません。ビジネスに絶対の答えはなく、出てくる因数分解も人によってそれぞれだからです。

それでも、何かを学んだ最終成果物として、因数分解で本質を導き出すことは非常に大切です。これには、3つの意味があります。

1つは、因数分解をするためには、学んだことを復習する必要があるので、理解と記憶への定着がいっそう深まることです。

2つ目は、人に伝えられるまでに、学んだことが洗練されることです。自分の得た成果が自分だけではなく、広く他の人にも価値が認められるもののほうがいいのは当然です。そのレベルを目指して、成果の本質がより研ぎすまされていくのです。

そして3つ目は、自分なりの価値判断基準ができるので、ダメなものを見たときに何がダメなのかが瞬時にわかるようになることです。うまくいかないときでも本質に立ち返れば、どこが欠けているのか、どう修正すればいいのかがたちどころにわかり、なすべき次のアクションが見えてきます。

ステップ3の「体系の理解」との差はここにあります。「体系の理解」までだと、部下が仕事でスランプに陥った場合、できることは「代わりにやってあげる」くらいです。しかし「本質の理解」ができていれば、「ここに問題がある。だからうまくいかない」と指摘することができるのです。

6
ステップ1と2は速さを、3と4は深さ・広さを求める

キャッチアップは、より速く

これまで述べてきた4つのステップは、大きく2つ——「概念の理解・具体の理解」と「体系の理解・本質の理解」に分けることができます。

「概念の理解・具体の理解」は、基本的にインプットのステップです。練習や勉強会などでアウトプットすることも必要ですが、それはフィードバックを得るためのアウトプットであり、自分の知識・スキルのアウトプットではありません。

他方、「体系の理解・本質の理解」は、アウトプットのステップです。もちろん、継続してインプットする必要はありますが、単純なインプットではありません。アウトプットして副次的に得たインプットであり、アウトプットをサポートするためのインプットになります。

そこを踏まえたうえで言いたいのは、「ビジネスパーソンの学びの基本戦略は、インプットの期間を極力短縮化し、アウトプットの期間にできるだけ時間を費やす」ことが重要だということです。

コンサルタントは、まったくのゼロスタートから、その業務や領域について最低限の知識を仕入れ、専門家とまではいかないまでも一通りの話ができるような状態に自分をもっていくことを「キャッチアップ」と呼んでいます。

コンサルティング業界では基本的に、このキャッチアップを1週間~1カ月でクリアするように訓練されます。これができないと、コンサルタントとしてバリューを出し続けることが困難だと言われているのです。

ビジネスパーソンの学びのインプットは、このキャッチアップと同じ。いかにスピーディにインプットステップを進め、期間を短縮していくかが大きな鍵となります。

スキルや知識の醸成は、より広く、深く

アウトプットのステップ、つまり「体系の理解」「本質の理解」では逆に、スピードはあまり重要ではありません。そもそもこれらのステップには「ここまでやれば終わり」というゴールがないので、速さを求めても意味がありません。長期間、場合によっ

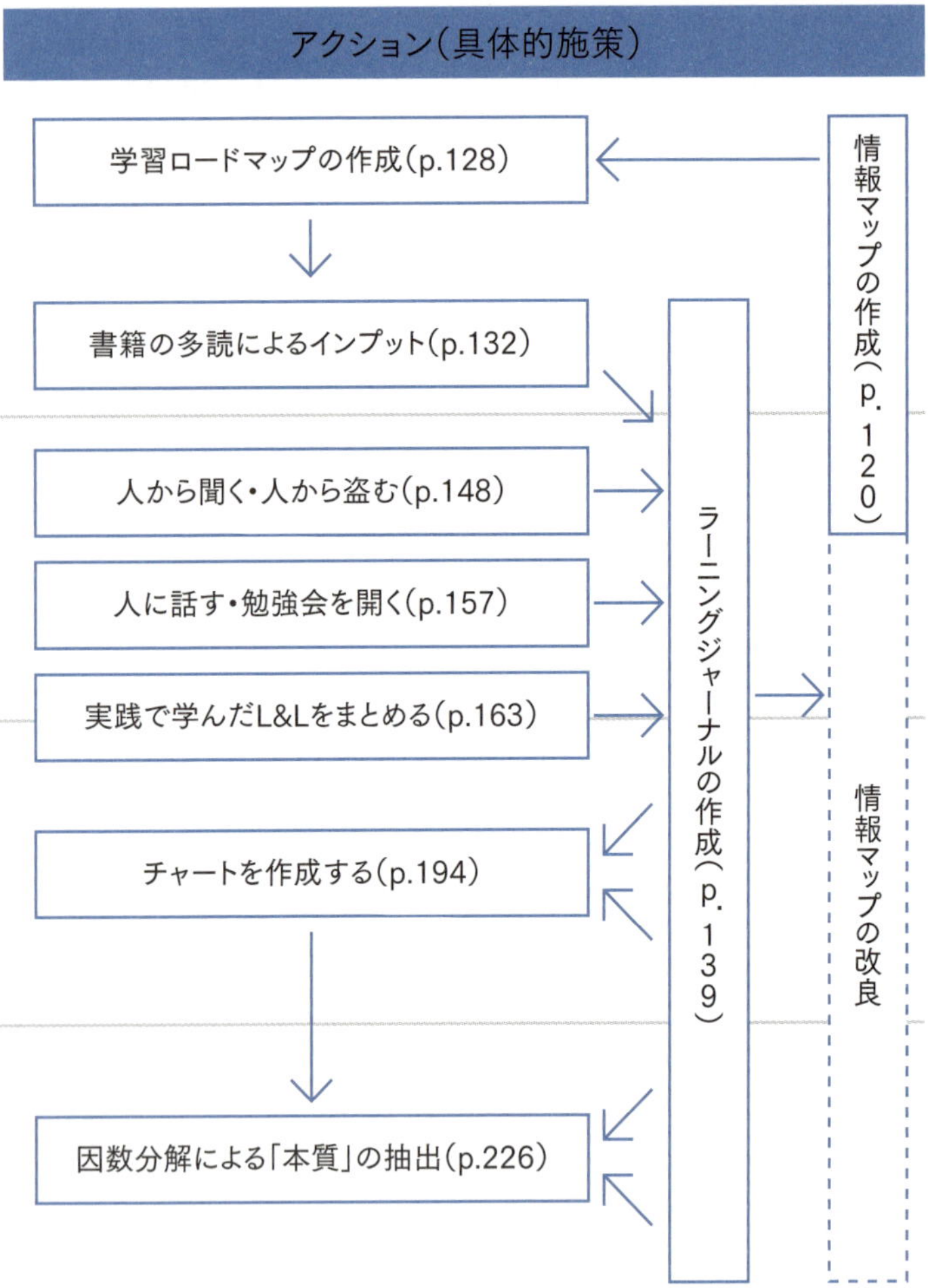
アクション（具体的施策）
学習ロードマップの作成（p.128）
書籍の多読によるインプット（p.132）
人から聞く・人から盗む（p.148）
人に話す・勉強会を開く（p.157）
実践で学んだL&Lをまとめる（p.163）
チャートを作成する（p.194）
因数分解による「本質」の抽出（p.226）
ラーニングジャーナルの作成（p.139）
情報マップの作成（p.120）
情報マップの改良

本書で紹介する学びのシステムの全体像（再掲）

学びのステップ	アクション（何をするのか）
ステップ1 概念の理解	・全体を把握する ・基本情報をインプットする
ステップ2 具体の理解	・アウトプットしてフィードバックを得る ・スキルや知識の所有者を参考にする ・実践経験を得る
ステップ3 体系の理解	・場数を踏む ・学びを体系化する
ステップ4 本質の理解	・本質を導き出す

ては生涯にわたって学び続けるからです。

このステップで求められるのは、深さやバラエティの広さです。自分が習得したことを深く掘り下げ、バリエーションを広げていく。そういった視点が大切なのです。

本書で紹介する学習システムの全貌

次のCHAPTER3と4では「ステップ1・2」、その次のCHAPTER5では「ステップ3・4」の学習を進めるノウハウとツールを紹介していきましょう。

学習の全体像を把握するために、98〜99ページの図を見ておいてください。これを覚える必要はまったくありませんが、どの段階で、何を、何の目的で、どのように学ぶのかを理解していないと、アダルトラーニングはうまくいきません。

基本的にはステップ1から順に進めていくことになるのですが、同時並行したり、さかのぼったりすることもあるので、厳密に「今、どのステップにいるのだろう？」「ここはどのステップになるのだろう？」と気にすることはありません。

学習は、それほど単純に線引きができるものではありませんので、漠然としたイメージとして頭に入れておいてください。

7 ステップ0としての「何を学ぶか？」

学ぶテーマを間違えると学んだ意味さえなくなる

このCHAPTERでは学びの4つのステップについて解説してきましたが、本書の元となった書籍『プロの学び力』の刊行から10年が経過し、新しく改訂版を出すにあたって、4つのステップに進む前に前提となる考え方を付け加えたいと思います。

それは、「何を学ぶか」ということです。順番としては「ステップ0」といえるものです。

10年前に比べて、何を学ぶかということがますます重要になっているように感じます。

10年前はまだ、ビジネスパーソンにとって「何を学ぶか」は、ある意味で明確でした。一般的なところでは、会計や英語、ビジネス・プレゼンテーションなど定番のテーマを学んでおけば、まず間違いはありませんでした。

しかし今、変化のスピードが激しくなり、技術革新が進む中、学ぶべき事を誤ると、せっかく学んだものが、気がついたら陳腐化していたり、機械にその仕事を奪われたりすることが起こる時代です。

「何を学ぶか」は今、以前とは比べ物にならないほど重要なイシューになったのです。

AI時代に何を学ぶべきか？

コンサルティング会社デロイトが発表した調査結果によると、イギリスにおける仕事の約35％がロボットあるいはAIに置き換えられ、年収3万ポンド（約550万円）未満の人は、年収12万5000ポンド（約1800万円）の人に比べて、機械に仕事を奪われる確率が5倍以上高いそうです。

また、イギリスのオックスフォード大学の研究報告では、今後10年から20年の間にITの影響で、アメリカの700の仕事のうち約半分が失われると述べられています。アメリカの総雇用の実に47％が職を失うリスクにさらされているというのです。

さらに、『機械との競争』（エリック・ブリニョルフソン、アンドリュー・マカフィー著、日経BP社）によれば、アメリカの会計士、税理士の需要が、この数年ですでに8万人も減っている事実が指摘されています。会計士、税理士は、アメリカでも稼げる資格と考えられてきました。しかし、そんな高資格でさえ、食えない資格になりつつあるのです。

日本でもメディアで「10年後なくなる仕事は何か」といった特集が組まれ、AIの発達や機械化（ソフトウェアによる代替含む）によって、仕事が置き換わっている現実が報道されていますから、漠然とした危機感をおぼえている方も多いのではないでしょうか。

これまでも不況になると失業者が増加してきましたが、今は昔と違い、好況になっても仕事を失った人が復帰するのは非常にむずかしくなっています。削減の対象となった仕事は、機械やAIに置き換えられてしまうからです。

また、不採算部門を切り離してしまうこともありますし、不採算部門を切って新規事業を立ち上げるなら、旧部門で働いていた人間ではなく、新規事業に合った優秀な人材を採ろうとするでしょう。そのため、好景気になってもなかなか失業率が改善しないという事態が起きています。

これまで問題になってきた失業は、非正規雇用労働者に代表される工場などの労働者でしたが、ＡＩ時代はむしろホワイトカラーの失業が深刻です。価値や違いを生み出せないホワイトカラーは、早晩退場を余儀なくされることは間違いありません。

そんなホワイトカラー受難の時代には、ビジネスパーソンは何を学ぶべきでしょうか？

私が何か絶対的な答えを持っているわけではありませんが、いくつか感じていることがありますので、その話をしておきましょう。

まず、同じような処理を行う定型作業の事務仕事はＡＩの最も得意とする分野ですから、そうした仕事のスキルを磨いても仕方ありません。定型的な業務を「より早く」「より正確」に行うスキルはかつてはそれなりに重宝されましたが、今後その土俵では人は機械に勝てないことは火を見るより明らかです。

逆に、それぞれ処理が異なる非定型の仕事はＡＩや機械ではまだ対応することができません。まだ形にもなっていない問題をとりまとめ、前例のない答えを導き出す。そんな非定型を形にできるスキルがあれば、それは自らの価値を高める強みとなるでしょう。

具体的にそれがどんなスキルなのかはケースバイケースになりますが、これからの時代、何を学ぶかを考える際には「定型的な仕事に寄与する」知識やスキルより、「非定型的な仕事に寄与する」ものを学ぶことが、機械に仕事を奪われないという点で有利だと考えられます。

たとえば、これまで資格は「とれば安心」と思われてきたかもしれませんが、資格として成立しているということは、必要な知識や手順が体系化されているということでもあり、むしろＡＩに取って代わられるリスクがあるかもしれません。もちろん、すべての資格ということではありませんが、変化のスピードが速い現代では、多くの人が持っている資格を出遅れてとってもあまり価値がない場合もあるので、多くの時間とお金を費やす資格取得には十分な検討が必要です。

8 なぜ一流はリベラルアーツを学ぶのか？

リベラルアーツとは自由を得るための学問

これからの時代、「何を学ぶか」考えるうえで、最近関心を集めているリベラルアーツの話も参考になるのではないでしょうか。

リベラルアーツの定義はいろいろありますが、一般的には文系・理系の垣根にとらわれず、学問領域を自由にまたいで幅広い知識を身につけ、異なるアプローチを駆使できる総合的な学習と理解されています。

もともとは古代ギリシャにおける市民の自由を獲得するための学問として発展してきたことを拡大解釈して、私は自分が自由になるための学びととらえています。

国家や社会、会社という集団・組織の中で、「これをやりなさい」と言われれば、無条件に「はい、わかりました」と答えるその他大勢の中から、自分の頭で物事を考え、判断し、「それは違うんじゃないですか」と異を唱え、行動を起こすことのできる学びの体系。もっと言えば、ＡＩに置き換えられる定型労働が増えていく中で、自分が何をすべきか考える基礎の力としてリベラルアーツが脚光を浴びているというのが、私の解釈です。

温故知新を生み出す

リベラルアーツから学びたい力は2点、１つはアナロジー（類推）スキルです。

古代の戦争から現代のビジネスに応用できる戦略を抽出したり、昔の社会の成り立ちから今にも通じるコミュニケーションの本質をつかみとるなど、まったく関係のない分野から自分にとって役に立つものを見つけ出す力は、リベラルアーツを学ぶことで鍛えられます。

たとえば、歴史を考える際も、リベラルアーツは単に知識体系を増やすのではなく、歴史の淘汰をくぐり抜けて人々に読み継がれてきた古典の中から、現在にも通じるエッセンスをくみ取り、自分なりに解釈する力を養ってくれます。

リベラルアーツは、その人の器の尺度にもなる

もう1つが、マイストーリーを語る力――自分が何者であるかをプレゼンテーションするスキルです。

グローバル化が進んでいくと、仕事においても異なる国、異なる民族、異なる宗教をもつ人たちと交わる機会が増えていきます。習慣も考え方も違う人々と良好な関係を築いていくためには、まずこちらがどういう人間であるかを知ってもらわなくてはなりません。

そのとき重要なのが、仕事とはまったく関係ない分野の知識であり、自分の核となる信念や信条なのです。

たとえば、海外のエグゼクティブと会食する際、話題になるのはビジネスの話ではありません。文化や自国の歴史など、いわゆる教養と呼ばれるものです。

そこで自国の歴史について語ることができないのは恥ずかしいことですし、古典文学の話題に乗れないのは知性を疑われてしまいます。

「シェークスピアは何が好きか？」と問われて、「オセロです」と答え、その理由を自分の解釈を交えて語ることで、相手はこちらの趣味や嗜好を推し量り、「この人は、こ

ういう人間なんだ」と理解を深めていくのです。

また、どんな趣味を持っているか、どんなことに興味をもっているか、何を信じているか、仕事とはまったく離れて魅力的なマイストーリーを語ることができれば、相手の信頼も高まります。

相手とは考え方や信条が異なっていてもいいのです。差異をはっきり認めあうことが信頼に結びつくのであり、そのためには豊富な話題の中で自分を語るスキルが求められます。

海外の人間とのつきあいばかりでなく、一般のビジネスの場でもリベラルアーツの学び方は役に立ってくれます。

あるビジネスのプロジェクトマネージャーを務める女性コンサルタントは、プロジェクト成功のためにはクライアントのエース的存在の人間の全面的協力が不可欠だと感じていました。そのためには、彼の信頼を勝ち得なければなりません。

そこで彼女は、彼を徹底リサーチして、趣味嗜好から座右の書までこと細かに調べ上げました。そして、彼に送るメールの中に、座右の書の一節をさり気なく入れ込んだのです。

効果はてきめんでした。それまではどこか警戒しているような態度だったのが、腹を割って話ができるようになり、プロジェクトの進行がうまく回るようになったのです。彼女がメールに忍ばせた座右の書の一節が、彼に「この人とはわかりあえる」と同志感情を抱かせたのでしょう。

こんなことができるのも、彼女がリベラルアーツ的に幅広い知識を持っていたからにほかなりません。

信頼を醸成するには人間的厚みが必要です。人を動かすには、「この人はやるな」と思わせる殺し文句も必要でしょう。そのような人間的厚みや人を動かす殺し文句は、幅広く学び、自分の頭で考える習慣をもっていなければ出てくるものではありません。

知識やスキルを身につけるためには、学ぶものを絞り込んで集中したほうが効率的です。しかし、人生100年時代を生き抜くために、長いスパンで考えるなら、仕事に関わるものだけではなく、幅広くリベラルアーツ的に学ぶことも大切です。いえ、仕事を上手に回していくためにも、学びのすそ野は広いに越したことはありません。

一見、回り道のように思えますが、それが学びを自分の力に換えてくれるのです。

CHAPTER3

最速で効率よくキャッチアップする

基礎知識を素早く吸収するツール&メソッド

1 3つのツールで最短距離かつ確実にインプットする

なぜ学びにスピードが求められるのか？

ここからは、具体的な学習ノウハウとツールの使い方について紹介していきます。本章ではまず、「概念の理解」「具体の理解」というキャッチアップのステップにおける学習方法を紹介します。

キャッチアップの要諦は、「なるべく速く」「最短距離で」ということにあります。その理由は2つあります。

1つは、人は長期間にわたって何かをし続けることが苦手だからです。人のモチベーションは、そんなに長続きしません。モチベーションが保てるうちに一気に勝負をつけてしまうのがベストです。

もう1つの理由は、のんきに勉強していては、この変化の激しい時代、学び終えた頃にはそれが役に立たなくなっている可能性があるからです。

キャッチアップの三大ツール

すばやく確実にキャッチアップするためには、3つのツール――「情報マップ」「学習ロードマップ」「ラーニングジャーナル」が有効です。

大雑把に言うと、情報マップと学習ロードマップは「すばやくキャッチアップするツール」、ラーニングジャーナルは「学んだ知識を効果的に身につけるツール」です。

この3つは、ツールと言っても市販されている商品ではありません。パソコン1台あれば自作できるツールです。マイクロソフトのパワーポイントやワード、エクセルか、それらのアプリケーションソフトに近いものがあれば大丈夫、誰にでも作れます。専門知識もお金も不要です。

本章ではこの3つのツールを中心に、最速でキャッチアップする方法について説明しましょう。

2 学びの地図「情報マップ」

まず学習領域全体を把握する

「概念の理解」、キャッチアップの第一歩は、情報マップの作成です。情報マップとは、これから学ぶ対象や領域がどんなものか、全体を把握する地図です。

116ページをご覧ください。これは、財務諸表について学ぶことを想定して作成した情報マップの一例です。117ページの写真の例ではパワーポイントで作成していますが、パワーポイントで作成しても、エクセルで作っても手書きでもOKです。

情報マップを見て「ただの書籍リストじゃないか」とガッカリしましたか？

おっしゃるとおり、かなり書籍リストに近いものがあります。でも、それでOK。読まなければいけない書籍をざっとリストアップしていくうちに出来上がるカテゴリーが情報マップになる。そんな感じで捉えてください。

「概念の理解」におけるインプットは、ほとんどが読書によるものになります。これら書籍のほかに、セミナー情報や検定試験の情報、役に立つ雑誌の情報、あるいは「人の情報」なども加えていくといいでしょう。

人の情報とは、自分にいろいろな知識や情報を提供してくれる〝人材〟をリストアップすることです。

たとえば、116ページの情報マップの『簿記検定』カテゴリー内にある会計士Aさん、『経営に活かす』カテゴリーに書き込まれたS社長などがそれに当たります。

「友人の会計士Aさんは簿記の資格を持っているから、資格取得に際してどんな本よりも実用的な情報をもらえそうだ」

「S社長は財務に強いから、この人からいろいろ教わりたい」

そんなふうに思ったら、その名前を書き込めばOKです。

このようにして情報マップをどんどんリッチにしていきましょう。作り方については、後ほど詳しくご紹介します。

財務諸表 情報マップ
書籍の目次などを参考にカテゴリーを作成
入門・読み物
簿記検定
トレンド・新テーマ
読むべき書籍の情報
会計士Aさん
簿記論・財務諸表論能力認定試験
クラウド追加
セミナーA
セミナーB
5/10参加
ファイナンス基礎
経営に活かす
投資に活かす
5/23アポ
S社長
セミナーC
セミナーD
教えを請う人やセミナーの情報
株をはじめる前に読むブログ

※画像出典は巻末に記載

資料作成スキル向上 情報マップ（パワーポイントによる作成例）

※画像出典は巻末に記載

情報マップは生き物、常に変化する

情報マップは、一度作成したら終わりというものではありません。随時書き加えたり、変更したりしていくものです。

とりあえずスタート時は書籍リストのような情報マップになるでしょうが、新しく得た知識をもとに、どんどん増やしていってください。

またこのマップは、「必ず、パワーポイント1枚にまとめよ」というものでもありません。いろいろ学習していくうちに、カテゴリーの分け方を変更したり、増やしたりする必要がでてくるでしょうから、何枚になってもけっこう。当然、あるカテゴリーについてさらに深く掘り下げた情報マップを作る、という場合も出てくると思います。

そういう後で書き加えたり修正したりすることを考慮すると、情報マップは手書きよりデジタルで作成するのがおススメです。また、状況に応じてアプリケーションも使い分けたほうがベターです。

私の場合、情報がそれほど多くない場合はパワーポイントで、膨大な量が予想される場合はエクセルで作成する、といった具合に使い分けています。

把握はするが網羅はしない

ここで一つ、注意しておくことがあります。それは、情報マップを作ったからといって、そのカテゴリーすべてを学ぼうなどと考えてはいけないということです。どんなカテゴリーがあるかを知るための情報マップであり、全部読まなければいけない読書リストではないのです。ここを勘違いしないでください。

言ってみれば、情報マップは全体を把握し、取るところと捨てるところを選別するためのもの。情報を得る手段がこれだけあると知っていてやらないのと、知らずにやらないのとでは、大きく違います。

受験勉強ならある程度の網羅性が求められます。たとえば世界史の試験なら、世界史全般を勉強しておかないと、試験対策として万全とは言えません。

しかし、アダルトラーニングは受験勉強とは違います。網羅性を追求しようとすると、自己満足のために読書の深みにはまってしまう危険があります。結果、ビジネスでアウトプットをするタイミングを逃すようなことになったら、それこそ本末転倒です。

アダルトラーニングの目的は、短時間でバリューを生むレベルに到達すること。これを忘れて、学ぶことそのものを目的としないよう注意しましょう。

3 「情報マップ」の作り方

カテゴリーは書籍の目次を参考にする

情報マップ作りのファーストステップは、カテゴリーを設定することです。何を学ぶかによって設定の基準は違ってきますが、最もオーソドックスな方法は、書籍の目次を参考にすることです。

スキル系なら「入門書」、業界の専門知識系なら「業界本」の目次が、そのまま情報マップのカテゴリーとして使えます。

また、書店の棚のカテゴリーも参考になります。丸善、紀伊國屋書店、八重洲ブックセンター、三省堂、有隣堂など、大型書店の書棚は、ある学問領域に対していくつかの棚にカテゴリー分類されています。一度、足を運んでみるといいでしょう。

このほか、会社の業務知識を勉強する場合なら、仕事のフローで分ける、部門単位で分けるなど、カテゴリーを作るうえで参考にできるものはたくさんあります。

ここからは、書籍を利用したカテゴリーの作成方法をもとに、情報マップの作り方を説明していきます。

ネット書店の情報から叩き台を作る

情報マップは後でどんどん変化するものなので、最初から肩に力を入れて綿密に作る必要はありません。最初は学習対象について何も知らない状態ですから、その時点で完璧な情報マップが作れるはずもないのです。

だから「とりあえず」という軽い気持ちで作ってみることが大事です。その際の参考になるのが、アマゾンなどのインターネット書店に掲載されている目次と書評です。

アマゾンのサイトにアクセスして、これから学ぶキーワードを検索すると、実にさまざまな本がズラリと表示されます。それだけで漠然と「こういう本があるんだ」ということがすぐにわかります。これが最初の一歩です。

次に、ザッとでいいので、なるべく種類が異なる本の目次と書評を見ていきます。目次を見れば、さらに小さいカテゴリーについて把握することができます。目次が掲載されていない場合もありますので、そういう時には他のインターネット書店のサイトか、あるいは出版社のサイトを調べてみるといいでしょう。

そうして書評を読めば、その本の評判だけでなく、自分に向いているか不向きなのかもわかるはず。とくに「入門者には最適」「管理職向け」「業界全体を見渡すには最適」といった読者のコメントは、これから買う本選びの参考になります。

ここまでの作業でだいたい、情報マップの大きなカテゴリーが作れると思います。


もっと手っ取り早くカテゴライズしたい人は、何でもいいから1冊、入門書の目次を検索して、そのままカテゴリーにしてしまうのも一つの手。甘々の分類になるかもしれませんが、大きく外すこともありません。最初はそれで十分です。

また最近では、ブログで自分が読んだ書籍を紹介する人が増えています。そういったブログで紹介されている書籍のリストが参考になることもあります。同じ対象を勉強している方のブログであれば、その書評にも目を通しておくことをおススメします。

もちろん、「ネット書店の書評や目次だけでは不安だ」という人は、書店に足を運んでもけっこう。頭にひっかかるタイトルの本を物色しつつ、入門書を1冊買って読んでみてください。ここまですれば、自分のなかに大雑把ながら情報マップのイメージができてくると思います。

人事業務スキル向上 情報マップ

入門編

各制度編

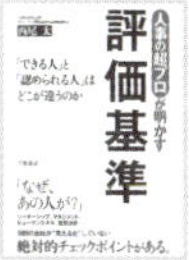

グローバル人材

生産性・評価

育成

キャリア開発

関連雑誌（事例収集）

※画像出典は巻末に記載

手書きよりパワーポイントを薦める理由

次に、実際に情報マップを作成する作業に入ります。と言っても、学習テーマについていくつかのカテゴリーに分類して、それぞれに該当する書籍情報を配置していくだけ。非常に単純な作業です。

おおよその目安として、配置する本は20～30冊でしょうか。私の経験則から言うと、1つの分野について初めて学習するときにとりあえず関連本を一通り集めてみようとすると、だいたいこの冊数になるものなのです。

また、情報マップは手書きよりも、パワーポイントやエクセルなどのアプリケーションを使って作成することを強くおススメします。

その最大の理由は、短時間で作成できることです。どれだけ時間をかけて、どんなに凝った情報マップを作ったとしても、誰もほめてくれません。それよりもスピードを重視。できるだけ短時間に仕上げて、なるべく早く実際のインプット作業に入ることが大切です。

その点、パワーポイントなら、書籍画像をコピー＆ペーストするだけ。ものの数分で情報マップを完成させることができます。

それに、ビジュアル的にも優れています。見た目がきれいというだけでなく、「このカテゴリーの参考書籍が薄い」「このカテゴリーは書籍が多すぎるから、分けたほうがいい」といったことを視覚的に理解しやすいのです。

しかも、書籍画像にリンクを貼り付ければ、それをクリックするだけで書籍の詳細な情報を入手したり購入したりすることも可能になります。

オープンにして精度を高める

もう一つ、パワーポイントで作成するメリットがあります。それは、誰かに渡しやすいということです。

パワーポイントの文書なら、メールを使って簡単に送れます。しかも、見た目がきれいな分、読んでもらう人に「字が汚くて読みづらい」とか「マップがぐちゃぐちゃしていてわかりにくい」といった迷惑をかけることもありません。

もちろん、情報マップは自分のために作成するものですが、オープンにすることも大事です。なぜなら、その道の先輩や専門家に見てもらえば、より適切なカテゴリー分類を教わったり、おススメの書籍をリストに加えてもらったりなどして、マップの精度をいっそう高めることが可能だからです。

CHAPTER1で「学びはオープンにする」というコツをご紹介しましたが、それは情報マップについても同じ。恥ずかしがらずに、どんどん人に見てもらいましょう。それが、効率よく学習する近道なのです。

情報マップの暫定的完成

情報マップの叩き台ができあがったら、その本を購入しましょう。本を購入する際のコツ、読み方のノウハウはCHAPTER4で詳しくご紹介しますので、ここでは先に話を進めることにします。

叩き台の情報マップをもとに購入した書籍は、手元に揃っても、すぐに読み始めてはいけません。まず、購入した書籍すべての目次に目を通し、パラパラとページをめくって全体に目を通します。時間をかけずに、です。その際、次の点に留意してください。

①情報マップに付け足すべきカテゴリーや情報があるか
②どこを、どの程度読めばいいいか

全体にザッと目を通し、今ある情報マップのなかに明らかに欠けているキーワードがあるかどうかを探して追加する作業が①で、それぞれの書籍について「第○章だけ読めばＯＫ」「斜め読みで全部読む必要がある」といった読み方を自分で決める作業が②です。

学びの目的は「より短期間でインプットする」ことで「買った書籍をすべて読む」ことではありません。この視点を忘れずに、何を、どう読めばいいのかを、ここで決めてください。場合によっては「30分程度で斜め読み」でもいいのです。ここで決めた読み方を、情報マップに書き込んでおくといいでしょう。

こうしてある程度情報マップの骨格が形を成してきたら、セミナー情報や雑誌の情報、人から得た情報も書き加えて肉付けをしていきます。

ここまでできればひとまず完成。いたずらに時間をかけずに2〜3日で、これら一連の作業をクリアすることを目指してください。実際に書籍を読むなど、この後のインプットの作業に入るのは、早ければ早いほどいいのです。

4 学びの時刻表「学習ロードマップ」

計画的にアウトプットを盛り込む

情報マップが出来上がったら、次は締め切り、つまり学習を達成したい期限に合わせて、学習計画を立てます。その計画表が学習ロードマップです（130ページ参照）。
（130ページ参照）

情報マップを「学びの地図」とするならば、学習ロードマップはさしずめ「学びの時刻表」といったところでしょうか。

ところで、みなさんはこれまで何度も、何かを学習するときに計画表を作成した経験があるかと思います。その際、スケジューリングする大半の行動は、知識をインプットするためのものだったと思います。

学習ロードマップで特徴的なのは、インプットだけではなく、同時にアウトプットのイベントも意図して入れていくということです。

・ラーニングジャーナル（学習日誌↓137ページ）に投稿する
・勉強会を開く
・大きなケガをしない程度に実践経験を積んでみる

このような、習得したスキルや知識を使って行動する予定も組み入れておくのです。アウトプットについては、ついつい面倒がって腰が重くなりがちです。それに、自分一人の問題ではなく他人を巻き込まなければならないことが多いので、よけいに億劫に感じてしまうものです。

だからこそ、学習ロードマップを作る段階で、アウトプットをスケジュールとして組み込んでしまう必要があるのです。そうすれば、重い腰を上げるためのハズミになるし、早めに周囲への働きかけをすることもできます。

CHAPTER1の「学びを成功させる5つのコツ」の最後（76ページ）でも述べたとおり、アダルトラーニングにとってアウトプットの場を自分で設けることは、不可欠なのです。

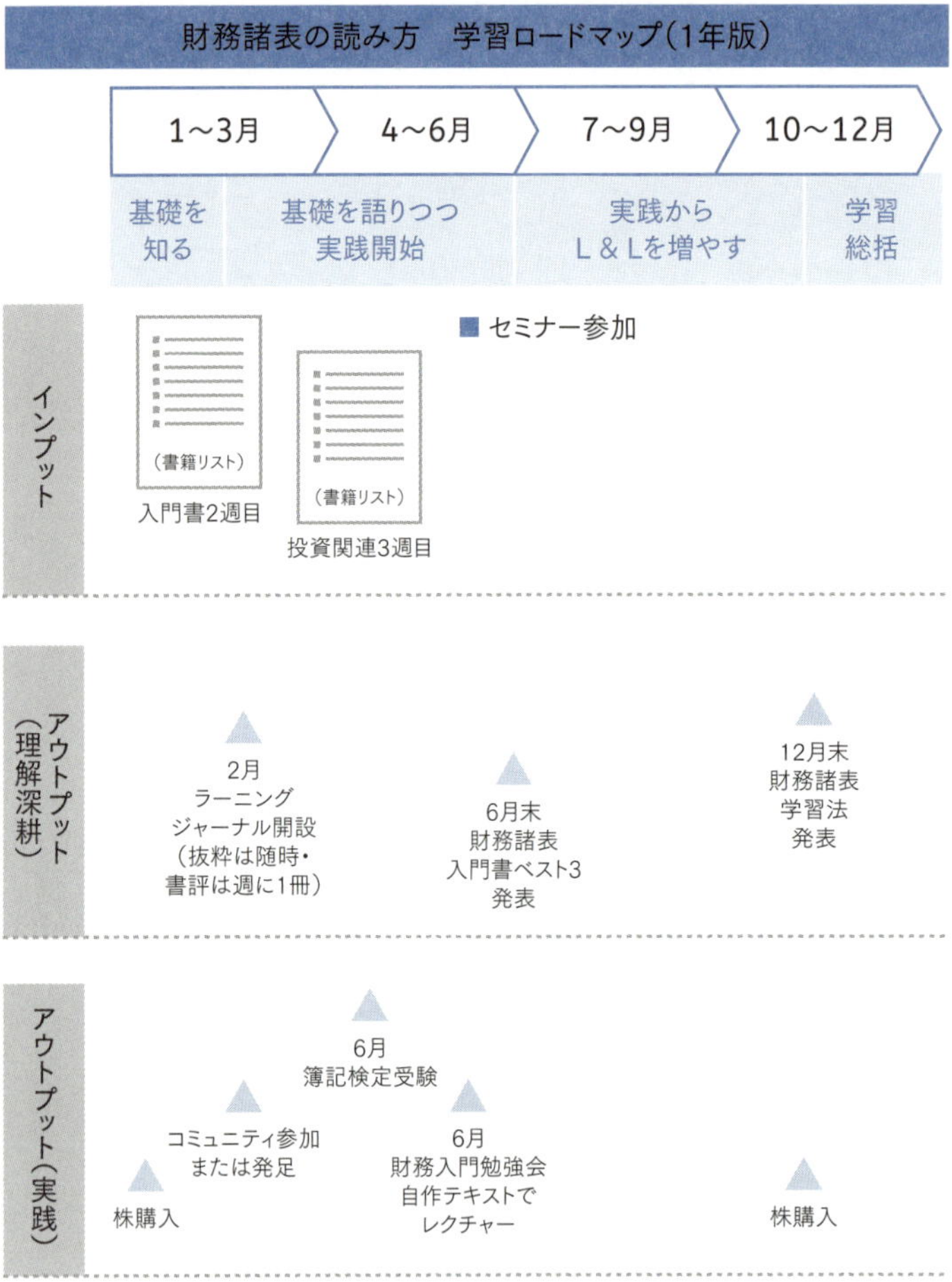

アウトプットのスケジュールを積極的に入れる

学習ロードマップの例

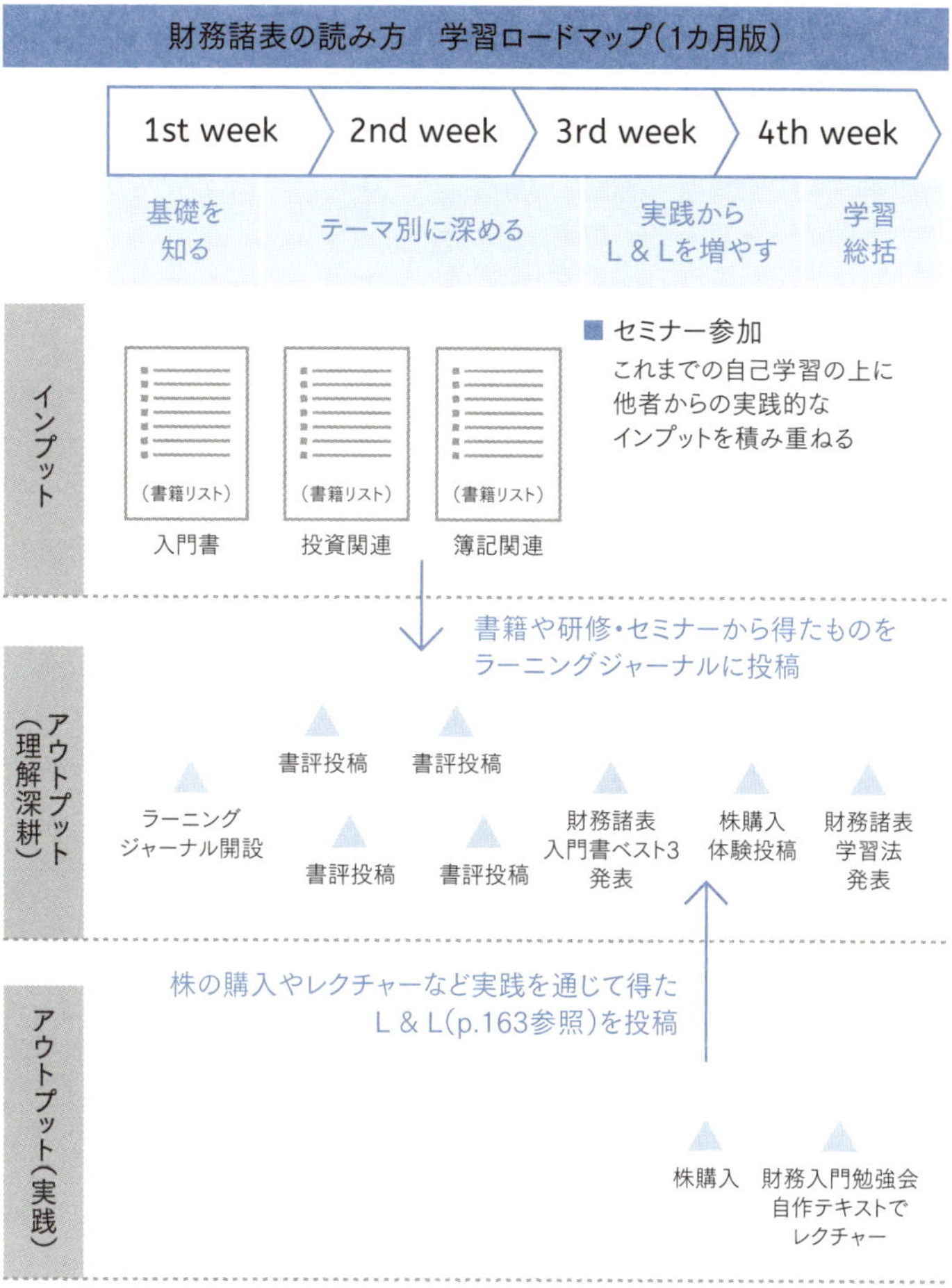

学習ロードマップには、インプットのスケジュールだけでなく、

5 インプットの基本は書籍の「多読」

20～30冊が目安

情報マップ、学習ロードマップが出来上がれば、いよいよそれに基づいてインプットを開始します。方法は、そこでとりあげて必要だと感じた本をすべて購入し、目を通すのです。つまり「多読」するのです。

かつて『レバレッジ・リーディング』（本田直之著　東洋経済新報社）という書籍が刊行され、ベストセラーになりました。その本の帯に、「なぜ速読より多読なのか」と書かれています。これは、本書の学習メソッドにも通じることです。厳選した書籍をみっちり読み込むのではなく、多少テーマがかぶっていても気にせずに数十冊をザッと読みこなす「多読」こそ、学びには重要なのです。

ではなぜ、多読が重要なのでしょうか。

まず大前提として、基礎知識のインプットは「質よりも量」だということです。「絶対投入時間」あるいは「絶対投入量」という言葉を聞いたことがあるでしょうか。これは、「ある一定の時間や量以上のインプットをして初めて効果が出る」という考え方です。

たとえばテニスで一つのテクニックを身につけるためには、何時間にもわたって同じ練習を何回も繰り返して体に覚えさせます。何を学ぶにせよ、こういう絶対投入時間・絶対投入量は必要なのです。英語なら絶対投入時間は百時間ということが、統計的にも出ているそうです。

では読書の場合、本を読んで基礎力をつけるには、どのくらいの絶対投入量が必要なのでしょうか。「新書百冊、文庫百冊」なんて数字を聞いたことがありますが、私はそこまで読む必要はないと思っています。自分の経験則から言って、だいたい20～30冊をアダルトラーニングの読書における一つの目安にするのが妥当なラインでしょう。

そこを目安に、「まったく未知の領域の本は30冊ぐらい」とか、「ある程度、周辺業務や周辺業界についての知識がある領域の本は10冊ほど」といった具合に、自分の知識に応じて適宜調整してください。

4つの見解を理解する

これだけ読むと、優れた情報と、放っておいてよい情報、つまり「良質見解」と「悪質見解」を見分ける目利きができるようになります。

多読をする目的のもう一つは、「共通見解」と「相違見解」を知ることです。

共通見解とは、誰もが同じ指摘をしている事柄です。たとえば人材育成をテーマにする本のすべてに、「人材育成にはトップのリーダーシップが欠かせない」と書かれていれば、それが共通見解です。

他方、ある本には「叱って育てる」、ある本には「ほめて育てる」など、本によって主張が異なるものが、後者の相違見解です。

このように多読をすることで、良質な情報だけを見抜き、また情報を多角的に仕入れることによってインプットの偏りを防ぐことができます。

学生の場合、つまりチャイルドエデュケーションなら、たくさんの参考書を読むより、教科書1冊だけを何度も繰り返して読むほうが試験でいい点が取れることがあります。先生がお勧めする教科書なら、まず高得点が期待できるでしょう。

しかしビジネスには、絶対的な正解がありません。また、「これさえ読めば大丈夫」という教科書もないのです。いろんな人のいろんな意見を、自分で取捨選択しながら取り入れていく。それがアダルトラーニングです。

書籍購入はカテゴリーまとめ買いで

書籍を購入する際、私は数十冊を〝一気買い〟します。何度も書店に足を運ぶのは面倒ですし、時間をおいて興味をなくしてしまわないうちに初期投資をして勢いをつけたいという気持ちもありますが、理由はそれだけではありません。

一つは、「パラレル読み」をするためです。複数の本を並行して読むのが私の読書スタイルで、まとまった量の本を用意しておくようにしています。パラレル読みについては、180ページで詳しくご説明します。

もう一つは、複数の本があると、1冊読んでわからないことがあっても、他の本で調べることができるからです。

「これはどういう意味かな？」

「もっと詳しいことを知りたいな」

「この部分のわかりやすい解説が読みたいな」

このようにちょっとした疑問が出てきた場合に、すぐに調べられなければ時間のロスになります。「この本を読んだら、次はあの本を買おう」といったやり方では、そういう事態がたびたび起きてしまい、結果としてインプットのスピードを低下させてしまいます。


とりあえず10～20冊、学習に穴を作らないよう、一通り押さえておく。

その意味で、「カテゴリーまとめ買い」のような感じで本を買うといいでしょう。


なお、購入した本の読み方としては、サーチ読みと呼ばれる「ななめ読み」をした上で、気になったところ、ためになるところをキーワードとしてポストイットで抜き出していき、それをラーニングジャーナル（137ページ参照）にストックしていきます。

本の読み方の詳しい方法についてはCHAPTER4でまとめて紹介します。

6 知識と情報を蓄積する「ラーニングジャーナル」

ブログで作る学習日誌

勉強というと必ず、「ノートの取り方」に関する話が出てきます。本を読んだ知識を整理したり、分析したりするために、ノートを使う方が今でも多いからでしょう。

でも今は、ノートよりもっと便利なツールがあります。それがブログです。

本書では、ブログによる学習のデータベース、ラーニングジャーナルの作成をご提案したいと思います。目的はノートと同様、習得した知識や情報を蓄積・整理することですが、ブログならではのメリットがたくさんあるのです。

一番のメリットは、検索が容易であることです。キーワードやテーマ、作成日時などからすばやく検索できるので、スピードが求められるアダルトラーニングにおいて、これは大きなメリットです。また、いくらでも書き足せるところも魅力的です。無料サービスのブログでも、よほど画像を大量に掲載しない限り、容量不足になることはありません。一つのブログのなかに、さまざまな情報を詰め込むことができます。

さらに、インターネットに接続されていることも大きなメリットです。情報にリンクを貼ることも簡単にできますし、第三者に公開して情報交換をすることも可能です。

ここで一度、学習の流れを整理しておきましょう。まず書評や入門書の目次を参考に、情報マップを作成します。と同時に、アウトプットが必要な時期などを考慮に入れたうえで、学習ロードマップを作成します。その後、書籍や雑誌をサーチ読みし、どんどんキーワードを拾っていってポストイットに書き込みます。ここまでがおさらい。

次のステップは、キーワードがある程度たまってきたところで、それをラーニングジャーナルに落とし込んでいくことです。書籍情報だけでなく、実際に仕事で使ってみて得た教訓や人から教わった話なども、このラーニングジャーナルに蓄積していきます。後ほどご紹介する「チャート」や「本質」もここに入れていきます。

このラーニングジャーナルをどれだけ蓄積できるかが、「概念の理解」「具体の理解」の成果とも言えます。蓄積していく過程で頭のなかにインプットできますし、必要に応じて検索する、仕事で疲れた合間にバーッと眺めるといった使い方も可能です。

7 「ラーニングジャーナル」の作り方

アウトプットの場にもなるラーニングジャーナル

書籍を多読し、キーワードをポストイットに抜き書きしていくだけでも学んだことをある程度身につけられます。

しかし、それらをブログに落とし込んでいくと、その過程で一度アウトプットすることになるので、さらに記憶への定着率が高くなります。

学習を始めた、あるいは書籍を読み始めたその日から、もしくはしばらくしてある程度のキーワードがたまってきてから、ブログを作成して、そこにアウトプットするようにしましょう。

まずは実物を見ていただくことにします。

2016年06月23日

コミュニケーションを仕掛ける - S社長との会話より

「目標管理制度は、上司・部下のコミュニケーションを組織的仕掛けとして作るものであって、処遇のための契約の場ではない。」

確かに目標設定の場で腹を割って話せなくては、その後の仕事の仕方はどうしても考え方、進め方の違いが出てくるだろう。目標管理ワークシートの中にコミュニケーションを深めるような"仕掛け"をもっと作らなくてはいけない。

タグ：会話

posted by Kumiko at 10:44| Comment(0) | TrackBack(1) | 人材経営 |

2015年04月23日

モチベーション・マネジメント ― 最強の組織を創り出す、戦略的「やる気」の高め方

リクルートの人事部長から、リンクアンドモチベーションの代表を務める著者が金銭・地位ではない、新しい時代のモチベーションの源泉を述べた本。リクルートというと特殊な人材マネジメントが取り沙汰されるが、その本質の中には取り入れられる要素もある。モチベーションをあげるための方法がユニークなネーミングで説明されている。制度設計の中にどう組み込むかが鍵となる。

＜参考 ： モチベーションマネジメント実践＞
ゴールセッティング効果、ラダー効果、リンク効果、リクルーティング効果、オンリーワン効果、スポットライト効果、ナレッジ効果

＜今後の学習方針＞
コーチングの概要を学ぶ。リーダー・管理職育成も視野に入れる。

モチベーション・マネジメント ―...
小笹 芳央
amazon.co.jp で買う
プライバシーについて

タグ：Book

posted by Kumiko at 10:44| Comment(0) | TrackBack(1) | モチベーション管理 |

2015年04月01日

MBA人材マネジメント

入門書としては良く、人事制度、評価制度、報酬制度という全体像を把握できた。ただし、日米の人材管理のギャップがありすぎて、全体の統一感は他のシリーズと比較すると欠けている。

ラーニングジャーナル

Title :

人事領域専門家への道

Description :

人事領域を極めるための勉強用ブログです。

タグクラウド

Book Seminar 会話

カテゴリ

人材管理全般・概要(1)
人材経営(1)
成果主義（擁護）(0)
成果主義(反対）(0)
評価制度(0)
研修制度(0)
報酬制度(0)
採用制度(0)
プロフェッショナル人材管理(0)
グローバル人材管理(0)
キャリア管理(0)
モチベーション管理(1)
組織管理(1)
学習する組織(1)

最近の記事

(03/30)社員のベストを引き出す コーポレートゲノム診断
(01/03)フィールドブック 学習する組織「5つの能力」
(06/23)コミュニケーションを仕掛ける - S社長との会話より
(04/23)モチベーション・マネジメント ― 最強の組織を創り出す、戦略的「やる気」の高め方
(04/01)MBA人材マネジメント

検索ボックス

検索
ウェブ 記事

<< 2017年03月 >>

日	月	火	水	木	金	土
			1	2	3	4
5	6	7	8	9	10	11
12	13	14	15	16	17	18
19	20	21	22	23	24	25
26	27	28	29	30	31	

最近のコメント

過去ログ

2017年03月(1)
2017年01月(1)
2016年06月(1)
2015年04月(2)

RDF Site Summary
RSS 2.0

2017年03月30日

社員のベストを引き出す コーポレートゲノム診断

野村総研のセミナー。
同じ環境におかれている企業であっても成功する企業と停滞衰退する企業があり、その違いを突き詰めていくと、外部の環境に対する認識感と、それを処理する組織の内面に大きな違いがみらる。この意識や行動パターンをデータベース化し、マネジメントという視点でコントロール可能な要素で、企業の業績と相関の高い要素を抽出し、継続的に発展していくための基盤となる要素として体系化したものがコーポレートゲノム。

診断ツールの視点としては、当社のものとそれ程変わりない。

＜今後の学習方針＞
組織管理のフレームワークを集めて比較・検討。

http://www.nri-dna.com/index.html?04&gclid=CNXmrs_a-lwCFRooTAod014jGQ

タグ：Seminar

posted by Kumiko at 22:00| Comment(0) | TrackBack(1) | 組織管理 |

2017年01月03日

フィールドブック 学習する組織「5つの能力」

学習する組織について、全てが網羅されているが、学術的なものが多く、そのままではアウトプットとして使いにくい。適用にあたってはより現場に根付いた言葉づかいにする必要がある。

＜参考図表＞
5つのディシプリン → マスト！

＜今後の学習＞
5つのディシプリンから現実的施策を考える。

フィールドブック 学習する組織「5...
ピーター・セン...
amazon.co.jp で買う
プライバシーについて

posted by Kumiko at 21:00| Comment(0) | TrackBack(1) | 学習する組織 |

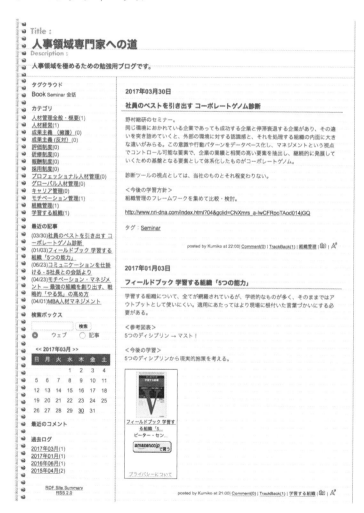

これがラーニングジャーナルです。

サブタイトルは決意表明の形にする

メインタイトルやサブタイトルは、自分で適切だと思うものをつければＯＫです。

「ＴＯＥＩＣ９００点への道」
「起業家への軌跡」

何でもけっこうです。
サブタイトルも自由につけていただいていいのですが、たとえばブログを一般に公開しているなら、

「〇〇目指してがんばっています」
「3カ月で〇〇になります」

といった決意表明にするのが効果的です。周囲に宣言することで、モチベーションが

自然とアップします。

情報マップを参考にカテゴリーを分ける

では次に、中身を見てみましょう。

まずカテゴリーについては、自由に設定するものながら、最初は情報マップのカテゴリーと同じにしておくほうが設定しやすいと思います。全体の概要があって、各テーマが枝分かれしているといった形にするのです。

たとえば「経営」という大きなカテゴリーがあって、そこに「経営計画」「R＆D」「人事」といった枝分かれが発生し、そこからさらに人事領域が「評価」「研修」「報酬」「採用」というカテゴリーに分岐するという感じです。細分化するだけでなく、「グローバル人材」「キャリア」「モチベーション」など、横に派生するカテゴリーを設定して広がりを出せば、より魅力的なラーニングジャーナルのカテゴリーになります。

また、情報マップのカテゴリーと同様、ラーニングジャーナルのカテゴリーも、状況に合わせてどんどん変えていってください。カテゴリーの横の数字は書き込んだ記事の件数を表します。ここを見ればどのカテゴリーを自分がたくさん勉強したか、どこが薄いか、ということが一目でわかるので便利です。

もし特定のカテゴリーだけ投稿数が増えていったなら、必要に応じてそれをいくつかに分けるといいでしょう。そのほうが、あとで調べるときに便利です。

たとえば「投資で勝つ方法」といったカテゴリーだけ記事が百を超えた場合には、そのカテゴリーを「投資理論」「投資判断のコツ」「投資心理」など、さらに分類すればいいのです。ここは自分の学習の目的によって使いやすいようにアレンジしてください。

3つのコンテンツを書き込む

カテゴリーを決めたら、あとは随時それにふさわしいコンテンツを書き込んでいきます。書き込むコンテンツは、おもに「キーワード」「自分で見聞きしたこと」「書評」です。

①キーワード
書籍をたくさん読んでいくと、キーワードが書かれた黄色いポストイット（183ページ参照）がたくさん蓄積されていきます。それらキーワードを、自分でタイトルをつけて一つに括り、ブログに書き込みます。

たとえば「モチベーションマネジメント」という本を読んで、覚えておきたいキーワードを発見し、ポストイットに書き留めておいたものがあったとします。それに「モチベーションマネジメントの効果」といったタイトルをつけて、ブログにアップするわけです。

ブログならこれらをすぐに検索できるので、後で関連する箇所だけを抽出して読んでいくと学習も効果的です。さらに、その書き込みに対して「自分なりにこう実践してみたところ、結果はこうだった」ということを付け足していくと、非常に勉強になります。

②書籍情報以外の、自分で見聞き体験したこと

書籍や雑誌から得た情報だけでなく、人から聞いたこと、セミナーで知ったこと、あるいは自分が現場で実践してみて得た経験則なども書き込んでいきましょう。

③書評

私は、書籍をサーチ読みするたびに「3行書評」を書いています。それもラーニングジャーナルのコンテンツとしてアップしています。

「3行書評」とは、文字どおり3行程度のごく簡単な書評です。誰が書いた、こういう

本ですよという程度の、本当に短いものです。

多読をしていくと自分が読んだ本の内容もわからなくなってきますので、こういう短い書評は自分の読書データベースとして役に立ちます。

また、学習意欲を掻き立てるイベントとして「私のおススメ書籍ベスト3」「初心者におススメのベスト3」といった記事も、半年や数カ月ごとに書き込んでいます。これは、ワインについて勉強している方の話を参考にして始めたことです。

その方は、飲んだワインについてブログにどんどん書き込んでいて、3カ月あるいは1年に1回ペースで、「今年のベスト3」「赤ワインベスト3」のようなランキングを発表しています。こうしておくと「ベスト3を発表する以上、ボルドーだけではなくブルゴーニュなども飲んでおかないといけない」といった目的意識が芽生え、ダラダラ飲むことがなくなるそうです。

初期段階では集中してコンテンツを充実させる

ラーニングジャーナルは「ここまでコンテンツを増やせばゴール」というものではありません。必要に応じて、ずっと続けていくものです。「概念の理解」「具体の理解」といったキャッチアップの段階だけでなく、その後の「体系の理解」「本質の理解」でもずっと継続していかなければ意味がありません。

また、初期の頃は、勢いをつけるためにもコンテンツを集中的に増やすよう意識しましょう。視覚的にもそのほうがやる気が出ますし、「ラーニングカーブ」（235ページ参照）という点からもスタート時の密度は高いほうがいいのです。

そしてある程度コンテンツがたまってきたら、後半は気が向いたときにアップする程度でかまいません。一通り学び終えて、すでに仕事で役立てている段階なら、日々の仕事で気づいたこと、新聞を読んで感じたことなどを、その都度書き込む程度で十分です。

それくらいになれば、また別のブログを立ち上げることも検討してください。最初からブログを2つも3つも立ち上げるのは大変ですが、ある程度軌道に乗れば、並行して書き込みを増やすこともさほど苦ではなくなるはずです。

8 人から上手に聞くコツ、盗むコツ

教わるときは「プライドは低く」「志は高く」

書籍から得た情報だけ蓄積しても、ラーニングジャーナルは「大掛かりな書評」にしかなりません。人から教わったこと、自分で実践してみて気がついたことも、どんどん書き込んでいきます。ここではまず、ラーニングジャーナルのコンテンツを豊富にするためにも、人から上手に教わるコツについてお話しさせていただきます。

人に何かを教わるということは、簡単なようでいて、実はハードルが高いもの。「相手に迷惑がかからないだろうか」とか「こんなことも知らないのかとバカにされるのではないか」といったことを考えて、なかなか人に聞けない人が多いようです。

でも、ビジネスパーソンとして何かを学ぶときに、人に何も聞かずに独学して成功することはまずありません。早い段階から、現場の声、先達の声には耳を傾けたほうが、成功へのプロセスを絶対に短縮化できるし、成果もより大きく確実なものとなります。「こんなことを聞いたら恥ずかしい」などと思わずに、そんな無意味なプライドは潔く捨てて、できるだけ最短で質の高いインプットをするぞという志を高くする。そういうマインドセットが必要です。

質問ではなく設問をする

上手に質問をすれば、相手は喜んで、書籍や雑誌を何冊読んでもわからないような情報を提供してくれるでしょう。しかし、上手に質問するためにはコツがあります。

私は長らくインストラクターをしているので、これまで研修生の方から実に数多くの質問を受けてきました。その経験から、質問の仕方にも上手下手、もっといえば「役に立つ質問」と「時間の無駄に過ぎない質問」とがあることが、身にしみてわかります。

上手な質問は、自分が何を知りたいのか、何を目指しているのかを明確にしたうえで聞いてくる質問です。「なぜ、それが知りたいの？」と聞き返されても、戸惑うことなく即答ができる、そういう質問です。

「こうなりたくて、こういうスキルを身につけたいから、こういう質問をしました」
「自分はこうやったほうがいいと思います。なぜ先生はこういうやり方を選ぶのですか」

というように、きちんと仮説が立っていれば、こちらの答えを聞いたときの吸収の仕方が全然違ってきます。なかには、質問を受けた私自身が非常に考えさせられ、私自身の「学び」にもなる質問もあります。

他方、下手な質問は「なぜ、それが知りたいの？」と聞いても「何となく」としか答えられないような質問です。自分で全然考えていない、とりあえず疑問を口にしただけのような質問は、私が一生懸命答えても相手には「何となく」しかインプットされないので、返事のしがいもありません。

何でも恥ずかしがらずに質問することは大事ではあるものの、小学生のように「○○って何ですか？」というような単純な質問はいただけません。「○○について私はこう考え、そこでこういう新たな疑問がわいてきました。それについてどうお考えですか？」といった具合に、「質問」ではなく「設問」をするべきなのです。そのためには、書籍などである程度知識の土台を構築し、自分なりに仮説を立てておくしかありません。

また、質問も場数を踏めばうまくなります。最初は確かに恥をかくことが多いかもしれませんが、そのうちだんだんに、どんなふうに設問をして聞けば、知識・スキルを効果的に吸収できるかがわかってくるようになるものです。

盗まなければ手に入らないスキルもある

質問をして自分の学びに取り入れるだけではなく、見て、聞いて、どんどん人の知識やスキルを盗んでいくこともアダルトラーニングでは大切です。これを積極的にしないと、なかなか一人前になることはできません。

最初は人マネでもいいので、良いと思うところはどんどん盗んでいきましょう。合言葉は、「プライドは低く、志は高く」です。

私も先輩のことをよく観察しながら、いろいろ盗ませてもらいました。たとえばプレゼンテーションスキルなども、うまいと感じる人の間の取り方や、最初の導入部分での話し方、接続詞の使い方など、つぶさに見て感じ取って参考にしました。

また、マネージメントスキルなら、一番身近なお手本といえる自分の上司から、いいところを盗むというのも当然あります。「こういうフィードバックを受けると気持ちいい」と思ったらその言い方を盗んでみる、という感じです。

人が分析した財務諸表をもらったこともあります。線とか丸とかが書いてある、そのままの状態で。その道の達人の目の付けどころなどが、よくわかりました。

こういったスキルはとくに、相手に「どうやればうまくいきますか?」と聞いても良い答えをもらえないことがあります。それは意地悪をしているのではなく、本人が意識しないでやっていることが多いから、教えようがないのです。だから盗むしかありません。

少し話はそれますが、日本を代表するビジネスパーソンの一人である大前研一さんも、マッキンゼー・アンド・カンパニーに入社当初、世界中のデータベースに入っているプロジェクトの成果物をすべて見られたそうです。「自分が経験できるプロジェクトはごくわずかしかない。他の人がやっているプロジェクトを追体験しなければ、知識やスキルの幅は広げられない」と考えたそうです。

時間があれば、とにかく人の仕事を見る、盗む。それだけで一流になれるのに、それがなかなかできないものです。

因数分解をしてから人から盗む

人から何かを盗もうと決めたら、まずは、自分がその人のどんな部分に惹かれているのか、そこを因数分解によって特定する必要があります。そうすることで自分が学ぶべきテーマがよりハッキリと見えてきます。

たとえばあなたが「松岡修造さんのようになりたい」と思ったとします。とすると、闇雲に何でも取り入れるようなことはせず、まず松岡修造さんのスキルを因数分解するのです。

明るい性格
本番の集中力
飽くなき向上心

こんなふうに因数分解していくと、自分の身につけたい知識やスキルがはっきりし、余計なものまで学び取る無駄が省けます。

人のスキルは因数分解して学ぶ

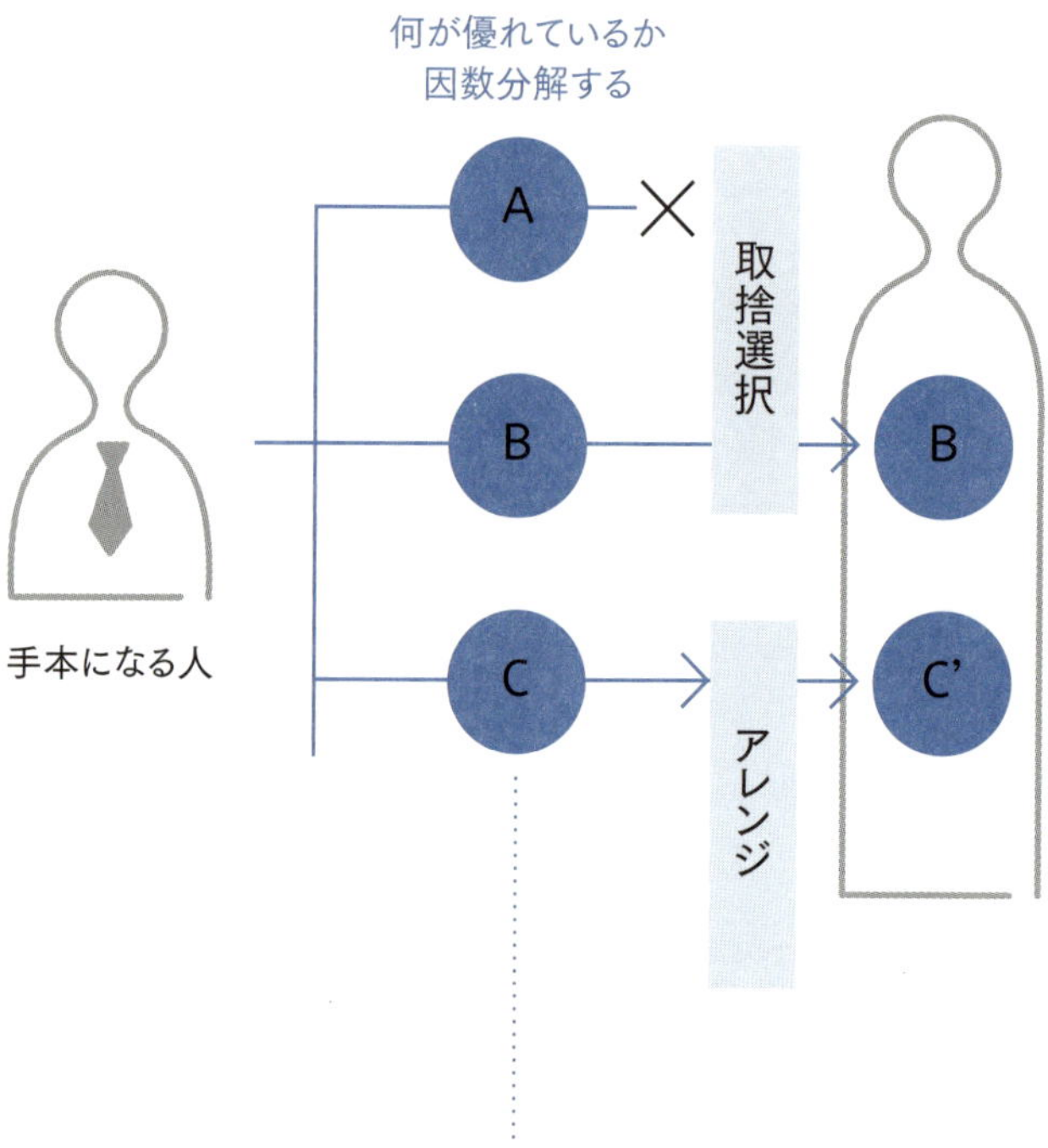

また因数分解をすると、モデルとした人物のやり方をそのまま鵜呑みにはできないこともわかる場合があります。モデルにとってうまくいく方法が、万人に通用するとは限らないのです。

たとえば、部下の育成に定評のあるAさんという人がいたとします。そのAさんのコーチングスキルを学ぼうと思って因数分解したところ、手厳しい指導が秘訣であるとわかりました。しかし、誰もが手厳しく指導をすれば部下がついてくるかと言うと、そうではありません。部下に厳しく接することが得意な人もいれば、苦手な人もいます。キャラクター的に似合わない場合もあります。

そういったことを無視して、モデルのスキルがベストだと鵜呑みにしても、お仕着せ感の強い単なる猿真似に終わり、逆にパフォーマンスを悪化させることになりかねません。うまくいっている人を見習う際には、「厳しい指導の根っこにある、部下を思う愛情をポイントにしよう」など、自分なりにアレンジして取り入れる必要があるでしょう。

手本になる人がいなくても不幸ではない

身近に手本になる人がいない、という人もいるでしょう。

大丈夫。それはそれでラッキーと考えることもできます。手本になる人がいなければば、発想をくるりと転換させて、自分が手本になればいいのです。

手本になる人がいたら、目標を定めやすいから、ラッキー。

手本になる人がいなければ、将来の強敵がいないということだから、やはりラッキー。

このように前向きに考えることが重要です。

これは、負け惜しみでも慰めでも何でもありません。マーケティングの視点からキャリアマネジメントを見ると、本当にラッキーなことです。

考えてもみてください。手本になる人は、すでに自分がなりたいと思っているポジションに到達しているのですから、そこを超えるのは大変です。そのポジションを狙う人も多いでしょうから、当然、競争率は高くなります。

それに、マーケティングとして考えてみても、手本になる人のポジションを目指す人が多くなればなるほど、相対的にそのポジションの価値は下がります。

それよりも、「自分が第一人者になれる可能性はどこだろう」「自分の価値を高められるベクトルはどこだろう」という目線でキャリアを考えたほうが、オリジナル度の高いキャリアを実現できる可能性が高いわけです。

9 勉強会・発表会は絶好のアウトプットの機会

フィードバックを得るためのアウトプット

書籍などで知識の土台が少しでも築けたら、それを積極的にアウトプットするよう心がけます。

アウトプットには、実際にそれを使ってみる、あるいは誰かに話してフィードバックしてもらう、という2つの方法があります。ここでは、誰かに聞いてもらう、どこかで発表するといったアウトプットについてお話しします。

ビジネスパーソンが知識・スキルを身につけるとき、このアウトプットを疎かにはできません。学習効率が落ちるばかりか、最終的に「使えない、独りよがりな知識・スキル」しか身につかないからです。

アウトプットすることの意義は、大きく分けて3つあります。

①適切な評価、有力な情報が手に入る

自分が学んだことを人に聞いてもらうと、客観的なレビューが得られます。その道の先達に聞いてもらえば「正しい」「間違っている」あるいは「もっといいやり方がある」という貴重な情報がもらえるのです。

また、専門家ではない人に聞いてもらえば「よくわかった」あるいは「いまいちよくわからない」というコメントがもらえます。それが自分の理解度のベンチマークにもなり、反省につなげることができます。

もちろん、こうして得たフィードバックも、ラーニングジャーナルにアップします。

②実践に向けての訓練になる

アダルトラーニングの最終目標は、身につけた知識・スキルを実践することです。学びっ放しはダメで、早い段階からアウトプットの訓練をし、場慣れしておくことが大事です。

「まだそんなレベルではない」「人前では、まだ話せない」などと言わずに、ガンガン人にアウトプットしていきましょう。こういったアウトプットの場が学習している段階で作れない人は、実際に仕事をする段階でもアウトプットの機会を作れない人になる可能性が高いのです。

また、業界用語などは、本を読んだりキーワードとして抜き書きしているだけでは、なかなか覚えることができません。声に出して何度もアウトプットすることで、自然に自分の用語として使えるようになるものです。

③周囲にアピールできる

CHAPTER1でも述べましたが、自分が学んだことをオープンにすると、いろいろな機会を与えてもらえます。せっかく学んでいるのだから、その学びを稼ぎにつなげる意味でも、アウトプットしてアピールするようにしましょう。

また、アウトプットしておけば、周囲の人がペースメーカーになってくれます。「あれ、どうなっているの？」と気にかけてくれるので、学習を継続する仕組みになるのです。

社内の勉強会は、より高度なフィードバックを得る場

アウトプットの場は、人に聞いてもらう、勉強会を開くなど、いろいろな方法があり

ます。とくに社内外での同志による勉強会は、アウトプットする最適の場です。積極的に参加するようにしましょう。

もちろん、勉強会では人の話を聞くだけではなく、自分が講師として発表します。まだ勉強し始めて間もない自分が、人の前で1～2時間も講演するのですから、予習も大変です。精神的なプレッシャーもあるでしょう。しかし大変な分、リターンも大きいのです。この壁を越えようとせずに本だけ読んでいても、学習としては大変な回り道になります。

こうした勉強会は、社内の知っている者だけでやる場合と、広く異業種で集まってやる場合の2つがあります。それぞれにメリットがありますので、使い分けるとより効果的な学びとなります。

社内での勉強会のメリットは、バックボーンが共通なので、より突っ込んだフィードバックを受けられたり、より実践的な事例やノウハウを聞くことができることです。自分が憧れる上司や先輩に参加してもらえば、厳しいながらも、自分の現状を踏まえたうえでの的確なアドバイスやレビューを受けることができます。同僚たちからは、明日から使えるような仕事に直結する話や、自分が知らなかった事例を聞くことができます。

一方で注意しなければいけないのは、社内の人間同士だと共通認識、共通用語がすでにあるので、「言わなくても通じてしまう」ことがある点です。社内の勉強会だけにしか参加していないと井のなかの蛙になってしまう恐れがあるので、用心してください。

社外の勉強会は、自分のアウトプットを確認する場

社外の勉強会というと、合コンとか異業種交流会のようなものを想像される方もいますが、世の中にはきちんとした勉強会もたくさんあります。人に聞いたり、インターネットで探したりして、自分に合った勉強会を見つけましょう。

かつて私が参加していたのは、会員登録制で異業種の人が月に1回集まる勉強会でした。1回につき1コマ2時間、誰かが講師になって自分の専門分野のこと、あるいは自分が今取り組んでいること、関心があることについてプレゼンテーションします。

この2時間というのは曲者です。1時間なら何とかお茶を濁せても、2時間語るようにするには、それなりに事前のインプットが求められます。

社外の人に語るということは、何も知らない人、まったく異業種の人に語るということでもあります。自分のなかで噛み砕いて説明しないと理解してもらえないので、ある意味、将来仕事としてお客様と話す前のシミュレーションにもなります。

また、社内にはいないような専門家が出席されることもあります。そういう時は当然、かなり突っ込んだ質問や指摘をされることになります。

私もかつて勉強会でモバイル業界について発表したとき、ちょうどその会に携帯電話業界にお勤めの方が出席されていたことがあります。その方から専門的なご指摘などもあって、タフながら本当に良い勉強になりました。

どんなに忙しくてもアウトプットを絶やさない

「時間がないから」という理由で、こうしたアウトプットを疎かにする人は少なくありません。でも、時間は作るもの。「ない」と言っているうちは、いつまでたってもアウトプットができません。無理矢理にでも勉強会の予定を入れてしまい、「この発表会までには、これだけインプットする。そのためには○時間必要だ。だから仕事の効率をこれだけ上げる」といった覚悟が必要です。

それでもどうしても時間がないという人は、家族や友人、飲み会仲間などに気軽にアウトプットをしたっていいのです。夕食時やちょっとした時間に、家族に聞いてもらいましょう。彼らに話してまったく理解されなければ、お客様に話しても理解してもらえないだろうという目安になります。

それに、恥をかいても許される、試してみて怪我をしても一番痛くない相手は、家族であるという人も多いのではないでしょうか。相手に不足はないはずです。

10 プチ実践を積み L&Lを蓄積する

実践にかなう学びはない

株式の仕組みや投資の心理学についていくら学んでも、実際に投資をして利益を出せるかというと話は別です。スキルや知識も同じ。ただ知っているだけでは使い物になりません。現場で使うことでバリューを生み出すスキルや知識に鍛え上げられるのです。

まず最初は比較的容易な、なおかつ失敗しても被害が少ない実践を数多くこなし、徐々に高度な、大きな実践へと目を向けるようにするといいでしょう。その際、ただ場数を踏むのではなく、そこで得た知識や教訓をL&L（レッスンズ・アンド・ラーンド）にまとめて蓄積していくことをおススメします。そうしないと、何度も同じ失敗をすることになるので、一人前になるまでに時間がかかってしまうのです。

	Lessons & Learned	Next Action
	書かせてみるとばらばらであったり、つっこんで聞いてみると違うことをイメージしていることがわかる。これを統一していくプロセスは、一見面倒な時間だが、この1時間を惜しんだつけは、のちのち数百時間になって跳ね返ってくると感じた。	意見やビジョンが激しく食い違う状況におけるファシリテーションスキルを身につける必要あり。
	「革新的な」とか「適切な」というキーワードでことを片付けてはいけない。「革新的」とはこのケースでは具体的にどういう状態なのかを徹底的に考え抜くべし。その過程で向かうべき方向性や目的の共有化が進む。	
	帰納法的に考えたら絶対に無理なことをターゲットドリブンで考えさせることで、不可能と思われたことができてしまった。リーダーとして「できそうなこと」だけをゴールにしてはいけない。ただしリスクマネジメントは不可欠。	
	ついつい気心の知れたメンバーばかりでチーム編成しがちだが、意識して違うタイプの人材を1人は含めるようにし、違いを楽しむ。	次回の体制作りのときに実施。
	「ポジティブな言葉を使え」とよく言われるが、よい雰囲気、余韻を残して解散して個人ワークに移ることは効果的と感じた。「大変だけど、ここまで進んでよかった」「このリスクが今わかってよかった」など、大変なときこそ、言わなくてはいけないと実感。	
	ありがちだが、「伝えたつもり」になりがち。伝えきれなかった自分が悪いと思うしかないが、次にはここまでは自分で確認してね、と徹底しよう。	タスクの確認チェックリストを文書化。
	曖昧なキースローガンと受け止められたようだ。シチュエーションが瞬時にイメージされる運営方針を掲げることで「迷ったらこうする」という意識を浸透させるべし。	リッツカールトンのクレドを参考に10カ条にしてみる。
	本当に必要なことを徹底的に追求する。大きなフォントを指定することで、無駄な文字が自ずとそぎ落とされる。	
	人によっては、昇進だったり、スキルを身につけることだったり、仕事で成果をあげることであったり、認められることであったりするが、最後にやり遂げたときに「予想していなかったけど実はこういうのも嬉しかった」というおまけをつけられるように育成したいと感じた。	「やる気が出ないときに読む本」を読む。
	学んだこと感じたこと	次回への教訓etc.

L&Lのまとめの例

Category	Who	Action/quotation
ビジョンの共有	自分	プロジェクト準備段階で、各メンバーに「このプロジェクトはどういう状態になったら成功といえるか」「自分はそのために何をすべきか」を書かせた。
ビジョンの共有	Kさん	言葉の定義を追求する。Big Wordは使わない。
既成概念の打破	Kさん	「このタスクは4週間の見積もりです」と持っていったら「じゃあ、2週間にして」。結果的には、できてしまった。
既成概念の打破	Iさん	リーダーが現状打破の精神を燃やし続け、時代感覚に富む若手に未来を託すだけの度量を持てれば、なかなか大企業病にはかからないものだ。
行動しやすい環境作り	Tさん	ミーティングを必ず前向きな言葉、成果の確認で終了する。
行動しやすい環境作り	Sさん	メールでタスクをふらない。背景や前工程、後工程、コンタクトすべき人物をできるだけF2Fで伝える。タスクの完了状態を本人から言わせる。
行動模範の提示	自分	プロジェクトチームキックオフにて、チーム運営方針を自分の言葉で提示した。
行動模範の提示	Aさん	作った資料をまず半分の厚さにする努力をし、そしてそれをさらに半分の厚さにしてみるべし。大きな文字でポイントだけ伝えるべし。
メンバーの動機付け		やる気の源を1人1人把握できるまで話す。
カテゴリー	当事者	行為、結果

L&Lとは、実践したことをやっておしまいにせず、次回に生かすためのデータベースです。単なる暗記の勉強ならいざ知らず、ビジネスで使うための学習では、このL&Lの蓄積がとても重要です。

たとえばプロジェクトマネジメントなどは、座学でいくら知識を詰め込んでも、現場ではあまり役に立ちません。そもそもマネジメントのフレームワーク自体は、いたってシンプルで、そんなに難しいものではないからです。

「今日の話し方はまずかった」

「仕事の振り方にも、改良の余地がある」

「もっと段取りをよくすることができるはずだ」

本を読むだけでは身につかないスキルを身につけるためには、自分で実践経験を増やし、L&Lを蓄積していく以外、学習する方法はないのです。

L&Lのサンプルを165ページに掲載しておきますが、いたって単純な内容です。誰と、何をして、どうだったか。その反省と、次にどうするか。これらをエクセルで2行程度にまとめるだけです。

このL&Lも、カテゴリーを分けて、ラーニングジャーナルに書き込んでおきましょう。これがあなただけの、最適な教材になります。

11 「概念の理解」「具体の理解」のまとめ

ラーニングジャーナルの蓄積が学習の証

「概念の理解」「具体の理解」がどの程度深まったか、その目安はどれくらいラーニングジャーナルのコンテンツが充実してきたかで判断することができます。

ここにアップされているということは、少なくともその情報を、複数回自分の頭のなかを通過させたということです。

書籍　「多読でキーワードを拾った」「ポストイットに書き込んだ」「アップした」
人情報　「聞いた（メモした）」「アップした」
勉強会　「準備した」「発表して、フィードバックを得た」「アップした」

こうして複数回情報に触れることで理解が深まり、記憶への定着率が高まるのです。しかも本当に大事なポイントだけ頭に入れれば、他の参考情報や細かい情報は記憶の外部装置として、そのままラーニングジャーナルに記憶させておくことができます。

インターネットにアクセスできる環境にあれば自分の脳と同様に、いつでもすばやく情報が引き出せ、膨大なデータを格納しておくこともできます。少し時間のあるときに目を通すだけでも復習になり、しばらくその仕事から離れていても、ラーニングジャーナルを直前に読めば、大事なポイントをすぐに思い出すことができます。

実践「やってみた（メモした）」「アップした」

できるだけ早く、確実に、膨大な情報を自分のものにすることが求められる「概念の理解」「具体の理解」では、ラーニングジャーナルは力強い武器となります。

どれぐらいの蓄積を、どれぐらいの期間でやればいいのか。それは学ぶべき対象や仕事の期日によって異なりますが、テーマによっては、1カ月や2週間程度でラーニングジャーナルを充実させること、つまり、キャッチアップすることは可能です。

しかも、そういった短期間で習得したことは、ラーニングジャーナルにデジタル保存することで、生涯にわたってあなたをサポートしてくれる強い武器となるのです。

CHAPTER4

1日3冊のインプットを可能にする読書術

サーチ読み&パラレル読みをマスターする

1

書籍は一度にまとめ買いする

戦力の逐次投入は失敗する

CHAPTER3の続きとして本章では、アダルトラーニングにおける書籍の読み方について、そのノウハウやコツをご紹介していくことにします。
まずは、書籍の買い方です。

情報マップが出来上がったら、ピックアップした書籍を購入していくことになるのですが、このとき一度にまとめ買いすることがコツです。20〜30冊の書籍をすべて購入してください。

何もこれらの書籍をすべて読破しなくていいのです。後で詳しくお話ししますが、アダルトラーニングでは、必要だと思われる箇所だけ読めばいいのですから。

だから、「全部読めなかったらどうしよう」などと余計な心配はせず、「積ん読」に終わったらもったいないなんてケチなことも考えずに、必要な自己投資だと思って一括購入してください。

なかには、「とりあえず2～3冊買って、残りは順次買っていこう」と考える人もおられるでしょうが、そういう方法はあまりおススメしません。学ぶ意思を固めた最初の勢いで全部買ってしまうほうが、自分で自分に「これだけの投資をしたんだから、何が何でも効果を挙げねば」というプレッシャーをかけられます。投資対効果の面から、まとめ買いが正解と言えるでしょう。

売れている本＝良本ではない

キャッチアップをすばやく確実にする上で、本の選択はとても重要です。

しかし、最近とくに思うのは、本の二極化が進んでいるということです。つまり、本当に良書といえる本と、とくに読む必要がない本です。

たとえば、素人向けに書かれた『1時間でわかる○○』といったような本がありますす。知識の乏しい文字通り素人の人にとっては、まず専門知識への入り口としてこのような本が必要でしょうし、その手軽さが受けて、ベストセラーになっている本もあります。

それほど深い知識を必要としない場合には、こうした本で十分なこともあります。

しかし、素人向けの軽い読み物を否定するつもりはありませんが、こと学びを自分の力に換えるという観点から見ると、『1時間でわかる○○』のような本ばかり読んでも、なかなか自分の血肉にはなりません。

やわらかいものばかり食べていると、あごの力が弱くなってしまうように、噛みごたえのある本を敬遠して、サラリと読める本ばかり読んでいると、物事を咀嚼して考える力が衰えてしまいます。

その分野での必読書があれば、たとえ難解で歯応えがある本でも、情報マップにラインナップし、目を通すようにしましょう。

自分の身近な目利きを探す

残念なことに、売れている本が良書とは限りません。内容より巧みな宣伝戦術のおかげで売れているものもありますし、影響力のある人の推薦が効いている場合もあります。

書評やレビューはどうでしょうか？　アマゾンでたくさんレビューが付いていて、ランキング上位に入っている本があります。私もそういうものをよく買ってみますが、あたりはずれが激しいというのが正直な印象です。

では、どのようにして、はずれのない本を選べばいいのでしょうか。

一つは、自分が信頼を置いている人、尊敬する人に、最近読んだ本の中でお薦めのものを聞いてみるのもいいと思います。

やはり目利きの人はいい本を選んでいるもので、良書をたくさん読んでいる人の推薦は参考になります。

私の知り合いに、ことあるごとにお薦めの本を聞いてまわっている人がいます。自分の知識の幅を広げるためというのが第一の目的ですが、同時に相手の趣味嗜好のリサーチを兼ねているのが心憎いところです。

しかも、聞いたその場で、スマホのアマゾンサイトを開き、注文をかけるのですから、相手がいい気分にならないはずがありません。なかなかのやり手です。

翻訳本ははずれが少ない

もう一つの方法は、翻訳本を選ぶということです。

日本に入ってくる翻訳本は、すでに海外で販売実績をあげ、高い評価を得たものがほとんどです。いわば、フィルターを1つくぐっていますから、良書である確率が高いのもうなずけます。

また、ビジネス系の書籍に関していえば、十分な調査研究をもとにしたしっかりした内容のものが多いのも特徴です。一方、日本のビジネス書は、本書も含め、個人の成功体験から導き出したノウハウを語るものが多いようです。

どちらがいいということはないのですが、体系的な思考を得たり、汎用性があるのは、やはりきちんと調査研究をもとにして書かれた海外の翻訳本に軍配が上がります。ですから、翻訳本に気になるものがあったら、迷わず購入することをお薦めします。

最後は自分の目で確かめて買う

最近は、アマゾンなどの通販サイトで本を購入することも多くなりましたが、ときには自ら書店に足を向けて、自分の手で本を手にとり、中身を確かめてみることも必要でしょう。

目次やまえがきに目を通し、ページをパラパラとめくってみれば、その本の内容がしっかりしたものであるかどうかはだいたいわかります。それは、自分の目を利かすための訓練にもなりますから、定期的に書店に足を運ぶ習慣をつけておくようにしたいものです。

また、どんな本を買おうかとアタリをつけるのはインターネット書店で、実際に購入するときはリアル書店に足を運ぶ、といった具合に書店を使い分けることもポイントです。自分の目で書店の棚を見ると、「こういう本もあるのか」「この棚（カテゴリー）の隣には、こんな棚（カテゴリー）があるのか」など、新しい発見があるからです。

私の場合も、買う本をリストアップしてから書店に足を運び、目当ての書籍と、その書店で新たにピックアップした2～3冊を買って帰るというパターンが多いです。この方法なら、書店で何を買うか迷って時間を浪費することもないし、いい本との出会いを逃してしまう危険も少なくなります。

2

「サーチ読み」なら
1日に3冊は読むことも可能

キーワードだけを拾い読む

「本は読まずに眺めるもの」――。

楽しむ読書ではなく、学習するための読書であるならば、こう割り切って考えることも大切です。読まずに眺めて、目当てのキーワードや使える文章を拾っていくというのが、短時間でインプットをするために不可欠な読み方だからです。

私はよく、「あなたは本を、読んでいるのではなく、めくっているようですね」と言われます。そのとおり。私はあらかじめ自分のなかで「何を知りたいか」という目的を決めているので、それをサーチ（検索）する感覚で本のページをめくっています。読んでいないので、斜め読みとも違います。キーワードをひたすら探してページをめくり、見つかるとささっと書き出したり、マーカーを引いたりして、またページをめくる。その繰り返しです。

キーワードは、単語のこともあれば、単語と単語の組み合わせの場合もあります。何がキーワードになるのか、最初はわからないこともあります。多読をしていると、だんだん浮かび上がって見えるようになるものです。

キーワードをキャッチしたら、ポストイットに書き写します（183ページ参照）。原文をそのまま抜き書きするのではなく、短くまとめて記述します。長すぎて抜き書きが難しい、あるいはキーワード化しにくいなどの場合は、何も記載せずにポストイットをその箇所に貼り付け、マーカーで線だけ引いておくといいでしょう。いちいち「どうキーワード化しようかな」と悩むのは時間の無駄。インプットのスピードが遅くなります。

また、関連するグラフや記述など、参考になりそうな箇所もチェックしておきましょう。いつでも自分のデータベースとして参照できるように、ポストイットで印をつけるなどしておくと後々便利です。

ビジネス書は全部読むものではない

社会人の学習では、サーチ読みが基本です。一字一句見逃すまいと熟読する、あるいは何が何でも頭から尻尾まで通読する、というようなことをしていては、時間がいくらあっても足りません。最初の入門書以外は、すべてサーチ読みでいきましょう。

本、とくにビジネス書はほとんどの場合、目的は読破することではありません。どこを読むか、何がわかればよしとするか。あらかじめその辺のアタリをつけておいて、目的をもって読み進めるのがベストです。そうしなければ、「読み終えたけれど、何がわかったのかさえわからない」ということになりかねません。

アタリをつけるコツは、最初に目次だけをザーッと見て、このなかから何を読むかをだいたい決めてしまうことです。情報マップを作る際に、この見極めをしておくと多読によるインプットがスムーズになります。

「7章あるうち2・4・5の3章分だけ読もう」

「項目ごとに整理されているポイントをチェックして、気になる項目だけ読もう」

「図やデータをチェックして、ひっかかるところを読もう」

こんな感じです。こういった読み方を「もったいない。大事なところを読みそびれるかもしれないじゃないか」と思いますか？　答えは「ノー」。この読み方で十分です。目的意識があれば、サーチ読みでも十分、自分が得たい知識や情報が目に入ってきます。

そもそも、1冊の本から抽出できる、自分にとって大切なことは、それほど多くないのです。世に「二・八（ニッパチ）の法則」という言葉があります。これは、「全体のなかの2割が重要である」とする考え方です。この法則に当てはめて考えると、1冊の本が200ページとして、自分にとって有用な記述はその2割、40ページ分という感じでしょうか。私の感覚からすると、それでも多過ぎるくらい。せいぜい1割も役に立てば、御の字。自分の知りたいことをかなり厳密に限定しておくと、さらに半分の5％で事足りると思います。

ですから、目的意識が明確であればあるほど「この章だけでいい」「このページだけでいい」「この数行だけでいい」というように価値のある箇所はどんどん少なくなるものです。そこをいかに速く見つけるかが、サーチ読みを効果的にするコツでもあります。

このように、自分のなかでサーチする対象が決まっていれば、ものすごいスピードでどんどん本を読んでいくことができます。私の場合、2日にだいたい3～5冊は平気で読んでいます。さすがにハードカバーの分厚い本は無理ですが、それでも、2～3時間もあればサーチ読みで十分読了できます。

3 「パラレル読み」のススメ

1冊ずつ読破するより並行して複数冊読む

私は、書籍を一度に何十冊もまとめ買いしますが、その目的の一つは、パラレル読みをするためです。パラレル読みとは、複数の本を同時並行（パラレル）に読むスタイルです。

なぜこんな読み方をするのかというと、この読み方なら、ある本で述べられていたことと他の本で述べられていたことが自分のなかで関連付けられたり、ある本でわからなかったことが他の本でわかったりなど、学習効率が高まるからです。

また、読書という行為自体、1冊の本をじっくり読むより、パラレル読みをする方が飽きがきません。純文学を読むのであればじっくり読む必要があるかもしれませんが、ビジネス書は前述のとおりサーチ読みするので、パラレル読みが有効なのです。

よく「そんな読み方で、頭が混乱しませんか？」と聞かれます。さすがに、まったく同じテーマの同じ切り口の書籍を同時に読むことはしませんが、切り口の違う本を並行して読み進める分には、そんな心配は無用です。

読書の場所を分散させる

パラレル読みに関連して一つ付け加えておくと、本を読む場所がたくさんあると、読書欲を維持・向上させるうえで、とても便利です。

私自身、書斎や電車のなかなど一定の場所に限定しません。オフィスの休憩コーナーや会議室、自宅のベッド、リビングのソファ、キッチンの片隅。あらゆる場所を読書スペース化しています。そうすることによって、日常生活のあらゆるシーンに読書を取り入れることができるのです。

本を買ってきたら私は、それらをまず自分の前にザーッと広げます。そうして全部の本を眺めて、厚さやテーマを考えながら、「これは通勤時間に読む」「これは休日に一気に」「寝る前にはこの本」といった具合に、「いつ、どこで、何を読むか」を決めてしまいます。

あとは、本を1冊1冊、然るべき場所に配置していくだけ。こうしておくと、「さぁ本を読もう」と構えずとも、生活のさまざまなシーンで読むべき本を手に取ることが可能です。

なかには「読む場所が決まっているほうが落ち着く」という方もいらっしゃるでしょうが、パラレル読みをする私にとって大事なのは、落ち着いて長時間集中できる環境よりも、頭の切り替えをスムーズに行える環境なのです。「この本はここ、あの本はあそこ」と分けておいたほうが、効率的に本を読むことができるのです。

もちろん、この「パラレル読み」が誰にとってもベストな方法とは限りません。「やはり私は、1冊1冊順に読み進めたい」という考え方の人もいるでしょう。それが悪いわけではないので、自分に合った方法を見つけてください。

たとえば、何か一つのテーマについて集中的に読破して、一点突破するという読み方もいいでしょう。一つでも課題を突破できると、学習が楽しくなります。

「広く浅くパラレル読みを続けていると、イライラする」という人は、一番興味が持てるテーマ、あるいは一番強化したいテーマを選んで、そこだけ先に読んでしまうのも一つの方法です。

4 ポストイットでキーワードを抜き出す

黄色・青色・赤色の3色を使い分ける

サーチ読みで拾い上げたキーワードは、あとで参照できるようにポストイットに書き込んで該当ページに貼っていきます。この時、最初からポストイットにキーワードを書き込まないことが、インプットのスピードを上げるコツです。

キーワードを見つけるたびにポストイットに書き込んで貼り付けていては、効率的ではありません。サーチ読みが途切れ途切れにもなるし、せっかく書き込んだのに後ろのページにもっとよくまとめられたキーワードが見つかって、最初の書き込みが無駄になることもあります。往々にして、書籍の最後にはすっきりとまとめられた一覧表などがあったりするものです。また、何度となく同じキーワードが出てきて覚えてしまい、わざわざ抜き書きする必要がなくなったということもあります。

ですからキーワードを見つけたら、まずはマーカーを引くなりサラッと余白にメモを書くなりして、ポストイットだけ貼っておきましょう。そしてサーチ読みが終わってから、そこだけを読み返し、大事なキーワードだけをポストイットに書き込むのです。「重要だと思って貼っておいたけれど、こっちに書いてあるのと同じだな」というようにすると、この段階で当初大事だと思われたポストイットの数は、かなり減るはずです。

また、ポストイットを色で使い分けると、目当ての箇所にすばやくたどり着けるので便利です。私は「黄色」「青色」「赤色」の3色を使い分けるようにしています。

「黄色」は重要なキーワード用です。黄色という色は、視覚的に面積が一番広く見える色です。サーチ読みで拾い上げたキーワードを書き込みます。

「青色」はデータベース用です。よくまとまっている表や、なるほどと思うチャートの該当箇所に、青色のポストイットを貼り付けます。別に覚える必要はないが、あとで必要なときに参照できるようにするデータベースとしてのインデックスです。

もしこの「青色」のポストイットを貼った箇所が、たとえばリストの形になっている業界団体のURLなどであれば、スキャナーで読みこんでデジタル化しておくとより便利です。検索が楽になり、ネットを利用して人に見せたり譲渡するのも簡単です。

「赤色」は、その他・備考として使っています。

3色のポストイットを使い分けることで目当ての箇所にすばやくたどり着く

5 アダルトラーニングの強力ガジェット「キンドル」

時間と場所の制約を無くす電子書籍

日本にもじわじわと電子書籍の波がやってきたようです。紙のリアル書籍を凌駕するのはまだ先でしょうが、それでも毎年、書籍売上げに占める電子書籍の比率は高まっていますから、電子書籍に対する抵抗感はだいぶ小さくなっているのではないでしょうか。電子書籍のいいところは、小さな端末で何百冊、何千冊もの本を読めるところ。本棚を増やすスペースがなくても、膨大な蔵書をもつことが可能になるのです。

そして、忙しい人にとっても、電子書籍はおおいに役に立ってくれます。たとえば、育児に追われる女性なら、子供を寝かしつけた後のわずかな時間を学びに使うことができます。紙の本は暗くて読むことはできませんが、電子書籍ならタブレットやスマートフォンのモニターで読むことができます。また、ジップロックの中にキンドルを入れれば、お風呂場でも読書が可能です。さきほど「パラレル読み」における読む場所の話をしましたが、キンドルがあれば、さまざまな場所で読書をすることができるのです。

ちょっとしたスキマ時間を見つけて、いつでも、短時間でも学びの時間にできるのは、電子書籍が発達してきたおかげです。

ジップロックに入れたキンドルで
お風呂場も学習環境に

キンドルのメモ機能&マーカー機能

かつて電子書籍に抵抗感を持つ人から「メモ書きができない」「マーカーを引けない」といった事を聞いたことがありましたが、今はそんなことはありません。キンドルリーダーアプリを使えば、メモを付けることも、マーカー線を引くこともできます。

しかも、付けたメモやマーカー線を引いた部分だけを集めて一覧表示させることもできます。大切だと感じた部分を後からまとめて見直すことができるので、とても便利です。また、メモだけを見返してアイデアを練ることも簡単にできます。電子書籍はもたれているイメージより、はるかに使い勝手がいいのです。

ちなみに、私はキンドルファイアという電子書籍専用端末を使っていますが、それはスマートフォンだと小さくて見づらいということと、iPadなどのタブレットではついフェイスブックを覗いてしまったり、メールを見たり、他のことをやってしまうからです。集中して本を読む環境にしたかったので、専用端末を利用しています。

使ってみれば、なんでも慣れていくもの。「電子書籍はちょっと……」と言っていないで、一度試してみることをお薦めします。

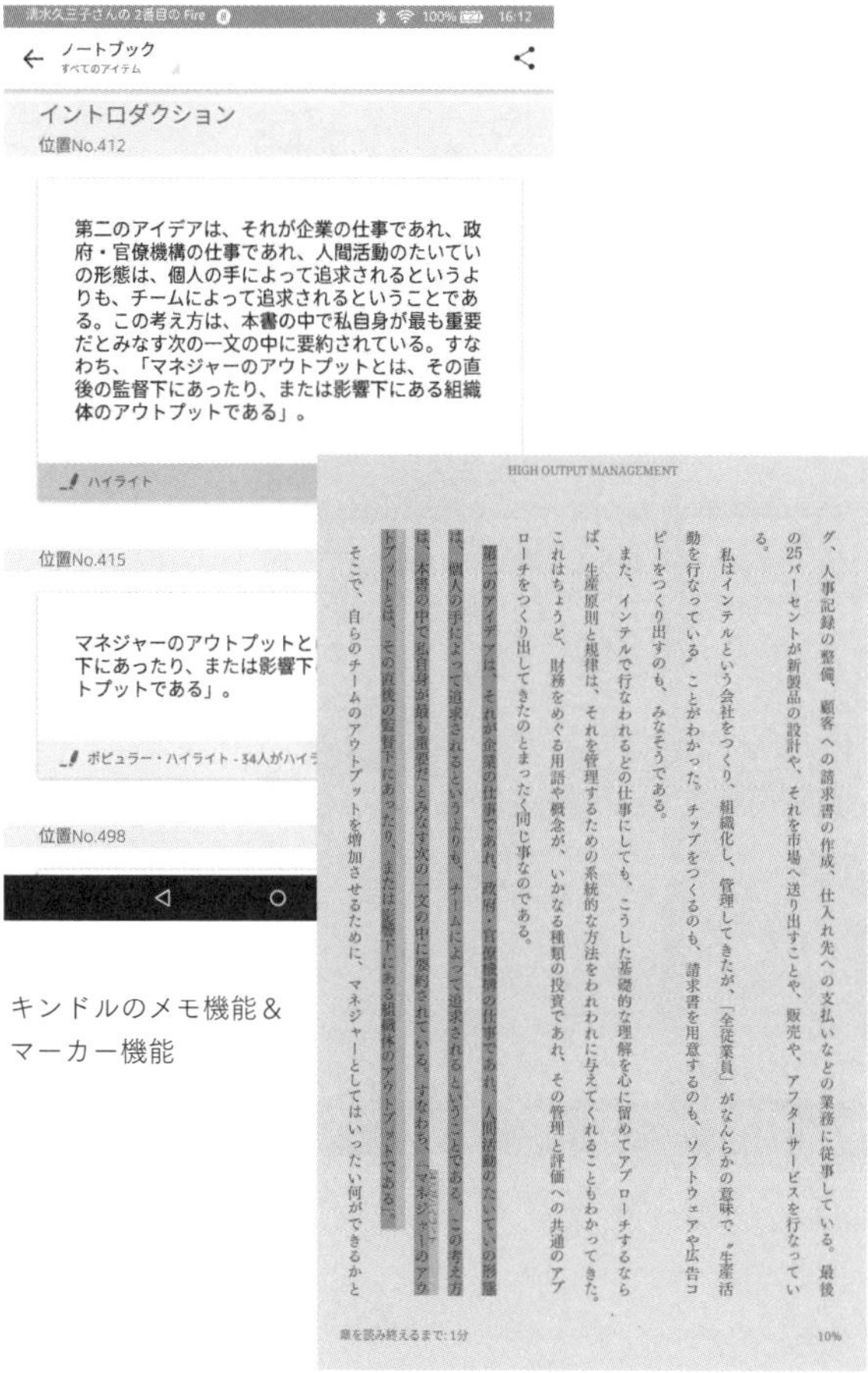

キンドルのメモ機能＆
マーカー機能

また、本をカテゴリー分けして一覧することもできるので、情報マップの代わりにもなります。どの本を何パーセント読んだのかもわかるため、積ん読状態を防ぐこともできます。

キンドルの本棚は情報マップの代わりになる

CHAPTER5

こうすればスキルや知識が「稼げる」レベルになる

応用力とオリジナリティを身につける

1

稼げる人、稼げない人の差はどこにある？

応用力とオリジナリティがプロとしての価値

ステップ2までで「概念」と「具体」を理解したあなたは、すでに「仕事をある程度こなしていける」レベルになっているはずです。

本はたくさん読んだ、なじみの薄かった言葉も自然に使えるようになった、実務経験を積んで、「とりあえずわかる」「とりあえずできる」ようになった──。

しかし、ここで学びを止めては、プロとしてお金を稼ぐことはできません。なぜならそこにはプロとしての価値（バリュー）がないからです。今あなたが身につけているのは、借り物の知識やスキルにすぎないのです。

料理でたとえてみましょう。人の書いたレシピを見て、その料理を作ることができる。これが「概念の理解」「具体の理解」のレベルです。素材と器具が用意されていて、一つの料理を作ることができる。でも「釣ってきた魚を捌いてくれ」「子供用に味付けを変えてくれ」と言われても、できるかどうか不安でいっぱい。「何か私におススメの料理はあるかい？」と言われても、そんな不規則なオーダーには対応できません。

このレベルだと、チェーン店のアルバイトにはなれます。しかし、他の店でも同じレシピがあれば、同等の料理が食べられるので、あなたにバリューはありません。

借り物の知識をいくら詰め込んでも、お客様から「お金を払ってでもあなたの料理が食べたい」と思っていただくことは叶いません。料理人として価値を認めてもらうには、注文に応じてどんな料理もすぐに、独創的なあなただけの料理が出せることが必要です。

そしてもう一つ欲張るのであれば、自分の調理法や料理法を、人に教えることができるレベルにすることです。ここまで来ればオーナーシェフとして、あるいは料理界の第一人者として、大きな富を得ることが可能です。

このことはビジネスパーソンの学びにも同じことが言えます。借り物の知識を一通り見聞きすることで満足せず、どんな状況にでも対応できる応用力とオリジナリティを兼ね備え、それを伝達するレベルにまでスキルを高めれば、プロとして稼げるのです。

そのために必要なステップが「体系の理解」「本質の理解」です。

2 「チャート」を作成し、学びを体系化する

「体系の理解」「本質の理解」ができるとどうなるのか?

本書では、プロとして稼げるレベルまでスキルや知識を高めるためには「体系の理解」「本質の理解」が欠かせないと考えます。

アクションとしては前者ではパワーポイントなどで「チャート」を作成し、後者では因数分解により「本質」を導き出します。それぞれの方法については後述しますが、ここではまず、なぜ「体系の理解」と「本質の理解」が必要なのかを確認しておきます。

その目的は3つあります。

①応用力がつく

一つの仕事ができた時、その成功要因や失敗要因をチャートにまとめておくと、毎回

ゼロベースから考えるより、次の仕事がスムーズにできるようになります。そうしたチャートを複数用意しておけば、どんな仕事にも対応できるだけでなく、自分なりにアレンジして、初めて遭遇する案件に対しても対処できるようになります。

②スライドさせることで、レバレッジが利く

チャートは、ある事象を抽象化させたものです。つまり、ある特定の領域にだけ効果があるのではなく、それをスライドさせることで、他の領域にも使えるのです。

たとえば私の場合、若いコンサルタント向けに「社内向けのプレゼンテーション手法」をチャートにまとめた後、営業の人向けに「社外向けのプレゼンテーション手法」を作り、どちらも成果をあげたことがあります。

このときは、もとのチャートを生かしたまま、言葉を営業の人たちになじむものに書き換えるだけでOKでした。「一粒で二度おいしい」ではないですが、学習成果を一度きりの利用で終わらせずに、さまざまなシーンでアレンジして活用することで、学習に付加価値が生まれるのです。

また、こうしたチャート思考を身につけることで次第に、得意なチャート、得意なメソッドが定着し、プロとしてのオリジナリティが生まれるのです。

③仕事の範囲が拡大する

自分の見聞きした知識、考えや経験をチャートや「本質」としてまとめておくと、それを人に伝えることができます。

人に伝えることができれば、たとえば部下に仕事の近道をさせ、成長を加速させてやることができます。こうして自分のスキルや知識を他の人と共有することで、自分は他の仕事、ワンランク上の仕事をするというように、自分のビジネスを拡大させることにもつながります。

「体系の理解」「本質の理解」は勢いでできる

「体系の理解」「本質の理解」というと、いきなりハードルが高くなったように感じるかもしれませんが、そんなことはありません。実際は「概念の理解」「具体の理解」から、ほんの少しのプラスαの努力で「稼げるビジネスパーソン」の領域へと、大きく前進できるのです。

具体的にやる作業は、これまでの学習成果や経験から学んだことを「チャート」に落とし込み、要するに何が重要なのかという「本質」を抽出するだけです。

ここから先は、「まだ先があるのか。大変だ」というより「あとほんの少しの努力で今までの努力が何十倍にもなる。今までもったいないことをしていた」という感覚で読み進めてください。

体系の理解＝学んだことを「チャート」で図式化すること

CHAPTER3やCHAPTER4でご紹介した学習方法を実践することで、知識や経験から得た情報がどんどんラーニングジャーナルに蓄積されます。しかし、この段階ではまだ、情報や知識の多くは単なる借り物です。

どんな事態にもパフォーマンスを発揮する、あるいはさまざまな角度から考察したり、提案したりできるようになるには、それらを自分のスキルに変換・結実させる必要があります。それを「体系の理解」と呼んでいます。

「体系の理解」とは、座学・経験を通して学習してきたことを形にすることです。ここで一手間かけるだけで、理解が深まり、確実に稼げるプロへと近づくことができます。

まず、さまざまな状況において、変化に対応できるようになります。スキルや知識が自分のなかで体系化されることによって、状況が変わっても、変化させたり、力点を変えるポイントが見えてくるのです。

そして、体系化を進めていくと、何が重要で、場面に応じてどうすべきか、という見識が深まります。それにより、「要するに、何が大事なのか」という、ステップ4の「本質の理解」に近づけるのです。

では、実際のアクションとして、具体的に何をすればいいのでしょうか。結論を言うと、「パワーポイントで自分だけのオリジナルチャートを作成する」のです。

書籍の情報や実際の経験から得たL&L、人から教わった話、その他もろもろ、「概念の理解」「具体の理解」で得たものすべてを横断的に捉え、自分の頭のなかで体系化してチャートに落とし込んでいくのです。

チャートと聞くと、プレゼンテーションのビジュアル効果を高める資料、といった認識をされる方もいます。しかし、それは認識不足。チャートは「構成要素×関係性」の結晶です。つまり、何が重要で、それらが相互にどう関わっているのかを理解していないと、作れない代物なのです。

チャートを作る作業は、その過程でいろいろな要素を取捨選択したり、関係を定義していく、重要にしてエキサイティングな学習です。「あれもある、これもある」と図を描いていくのではなく、「要するに何か」を突き詰めるために必要な作業であり、アダルトラーニングに欠かせないアウトプットなのです。

チャートの作成は学習になる

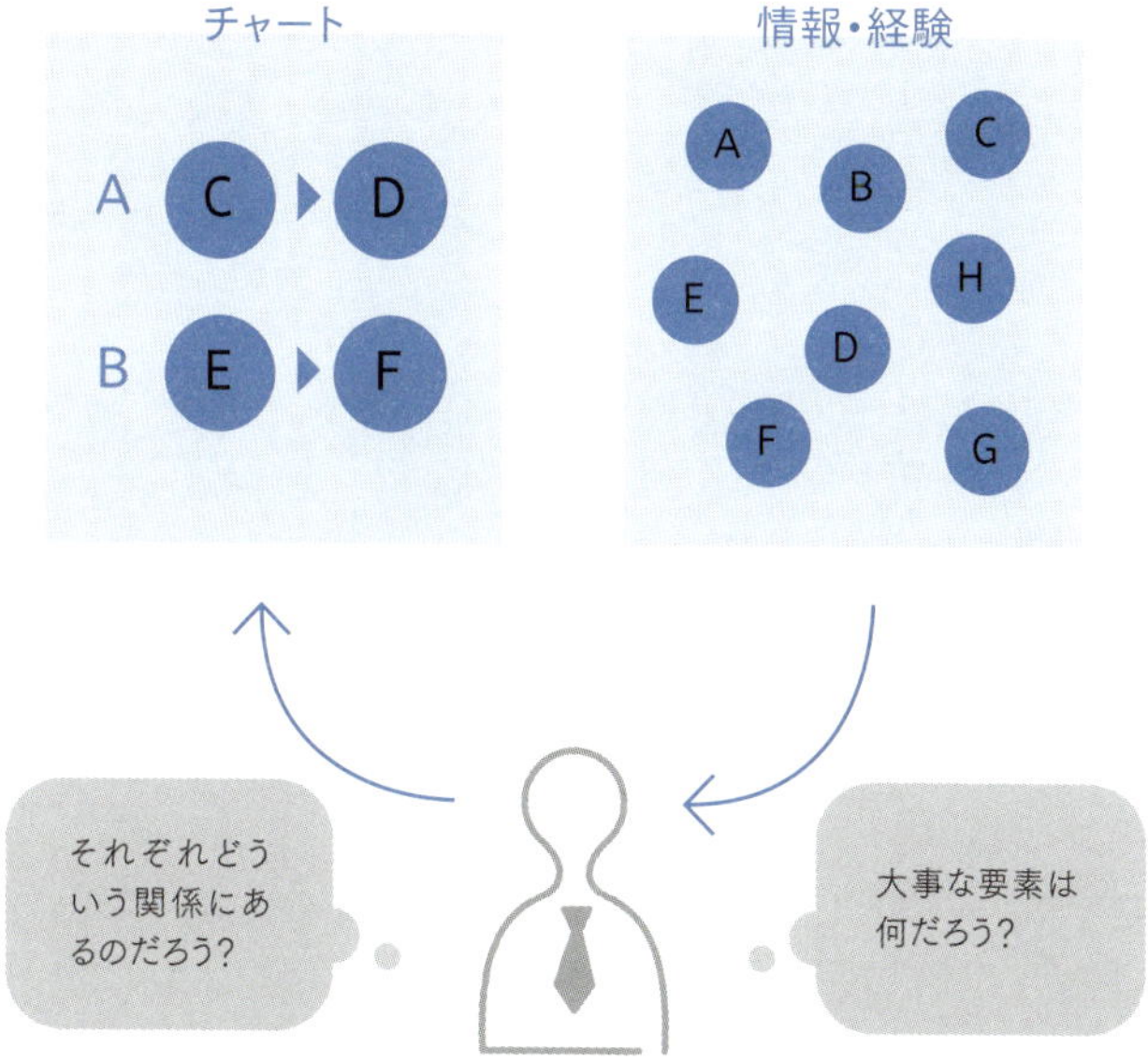

チャートを作るメリット

- 理解が深まる
- 応用できるようになる
- 記憶の定着率が増す
- 人に伝達しやすくなる

チャートを作ると理解と記憶への定着が深まる

チャートを作成すると、文章で考えをまとめるよりも、学んだことの理解度が深まります。同時に、理解できていないところが明確になります。

また、チャートを用意しておけば、いざ仕事でそのスキルを使うときにも、すばやく復習できるので重宝です。商談に行く前、あるいはスキルを使う直前にチャートをさっと読み返せば、外してはいけないこと、やるべきことがすぐ頭にインストールされるのです。

また、時が経過して改めて「このキーワードじゃダメだ」「ここがわかりにくい」と気づくこともあるでしょう。そういう気づきを得たら、何度もブラッシュアップを重ね、チャートをより確かなものにしていきましょう。

元ネタはラーニングジャーナル

大雑把に言うと、チャートの作成とは「ラーニングジャーナル内に蓄積された情報や知識をもとに、自分で一度ノートなどに下書きして、最終的にパワーポイントなどでまとめる」ことです。まとめ方の詳しい方法は、次節でご紹介します。

たとえば、人事の専門家になるために勉強しているのなら、これまでの人事制度の変遷や、人事戦略の作り方の手順、人事戦略を得意とするコンサルティング会社の勢力図などを、いろいろなパターンを例にしてまとめていく感じです。

また、問題解決スキルを勉強している人なら、どういう順番で問題解決を進めていくのか、どの工程でどんなスキルが求められるのか、といったことをラーニングジャーナルのキーワードを読み返しながらまとめます。

実際にチャートを作成する際には、ラーニングジャーナルのキーワードから今一度書籍に戻ってみることが必要な場合も出てきます。読み直さないと書けないことも少なくないのです。こうして何度も情報に触れるうちに頭が整理され、知識も定着していきます。

チャートは自分で作ることに意味がある

「自分はセミナーの講師ではないんだから、こんなチャートを作ってもしょうがない」と思われる方がいるかもしれません。「こういったチャートは自分で作るより、著名な先生が書いたものをなぞるほうが間違いがない」と考える方もおられるでしょう。

しかしチャートは、自分で作成することに意味があります。なぜなら、作成の過程で自分がまだよくわかっていないのがどこなのかがわかるからです。結果的に著名な先生のチャートと同じになっても、その過程に自分が介在しているといないとでは、理解度に雲泥の差があるのです。

先達のチャートを見て理解するだけでは、それ以上思考は広がりません。でも、自分自身でチャートを作り上げれば、「なぜそのチャートが必要なのか」「他のチャートではなぜだめなのか」ということまで理解できます。作成する行為自体が、これまで学習したことの復習にもなるので、いっそう学習効果が上がります。

それに、「具体の理解」までは人の知識を取り入れることが主目的なので、そこで終わってしまうとオリジナリティが生まれません。自分だけの価値、自分だけのバリューが生まれるのは、その先のこと。このチャートを作るかどうか、さらに次段階の「本質」を作るかどうかが、アダルトラーニングの成果を左右する分かれ道であり、力の差がつくところでもあるのです。

3 「チャート」の作り方

チャートを作成する3つのステップ

ここからは、チャートの作成について、オーソドックスな方法を説明します。

①テーマを決める

最初にチャートのテーマを決めます。

「○○業界俯瞰図」「問題解決のフロー」など、そのチャートで何を表すのかを端的に示す一言です。ここをハッキリさせずにチャートを描き始めると、それこそ目的のないお絵かきに終わってしまいます。

②構成要素を抜き出す

チャートを舞台にたとえると、構成要素は役者です。その役者を抜き書きします。

たとえば、業界俯瞰図を作るのであれば、「○○グループ」「△△系」、スキルの要諦をまとめるのであれば「第一段階○○」「第二段階△△」という具合に、外せないキーワードを選びます。データベースを作るわけではないので、できるだけ短いキーワードで構成要素を抽出するようにしてください。

③関連性を定義する

抽出した構成要素を関連付けていきます。同列なのか、序列があるのか、順番はどうなるか、そういったことを矢印などを使ってヒモづけしていきます。

人に見せてチャートを鍛える

出来上がったチャートについては、次の3点をチェックしてください。

1点目は「レベル感」です。重要性もしくは規模が大きくかけ離れた構成要素が同等に扱われていると、チャートとして形になっていても、意味をなしません。

2点目は「メッセージ性」です。どんなにきれいに整理されているチャートでも、

「で、何が言いたいの?」と問われて言葉に窮するようでは、単なる絵を描いただけに過ぎません。誰もが一目見て「ようするに、こういうことですね」「大事なのは、これですね」と、チャートから作成者の意図や力点を読み取れるものでないと意味がないのです。

そして3点目のチェックが「普遍性」です。体系化したチャートを、他の知識・スキルにも応用できるよう、普遍性のある内容にしておくのがベストです。

また、出来上がったチャートはどんどん人に見せて、利用してもらいましょう。人が使ってみて役に立てば、まず合格です。

逆に、人が見てよくわからないチャートは、自分ではわかったつもりでもアウトプットできない、すなわちバリューを生まないレベルの理解だということです。「ここがわかりにくい」「ここが足りないのでは?」といったレビューには真摯に耳を傾けて、チャートの精度を高めると同時に、バリエーションを増やしていくようにします。

チャートのオリジナリティが、プロとしての個性になる

人に見せてチャートを鍛えるという話をしました。ただし、人の意見をすべて鵜呑みにする必要はありません。なぜなら「体系の理解」の段階では、単にインプットするだ

けではなく、スキルや知識を自分のものにアレンジして取り入れる必要があるからです。たとえ全部にダメ出しをされても、一部は受け入れ、一部はそのままにするといった取捨選択をする必要があります。チャートは「自分らしさ」が大切だからです。

作った人によってチャートが違うのは当たり前。「その人の価値＝その人の個性」なので、仕事でバリューを出すためには、いつまでも人のコピーでいるわけにはいきません。自分のビジネススタイルや芸風を持つ必要があります。だから、使うチャートにも自分らしさを大切にして欲しいのです。

その世界のカリスマや有名人など、自分とは仕事内容がかぶらない人の意見は積極的に取り入れることをおススメします。でも、身近な職場の同僚や競合者の意見は、取り入れすぎると、差別化要因がなくなって自分の特徴が出せなくなり、競争力が低下してしまいます。それどころか、スキルを稼ぎにつなげることも難しくなります。

身近にいる上手な人、先人のチャートをそのまま使うのは、人と違いが出にくい領域、出さなくてもいい領域が最適です。基礎的なことや定説となっていることは引用でも問題はないでしょう。

4 テンプレートを利用した「チャート」の作り方

雛形を参考にすれば誰でも簡単に「チャート」が作れる

最初のうちは、どうチャート化していいか、けっこう悩むものです。そんなときには**テンプレート（雛形）を使うと、手軽に作成できます。**

やり方は簡単。自分がまとめようとしている事象にマッチするテンプレートを選び、横軸と縦軸を設定するだけです。この2軸にベストなものを置けるかどうかが学習成果の表れとも言えます。

次のページからご紹介するテンプレートは、私がよく使っているものです。たくさんの書籍を参考にして作成しました。参考にしてください。どういう状況でどのテンプレートの使い勝手がよいか、簡単にそれぞれの特徴をご紹介していくことにします。

包含

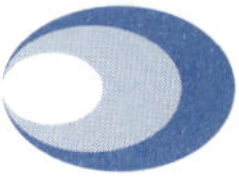

重複

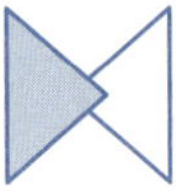

原因

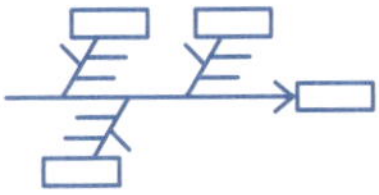

発展

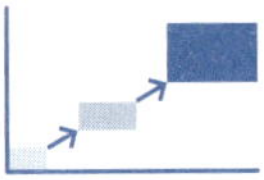

フロー

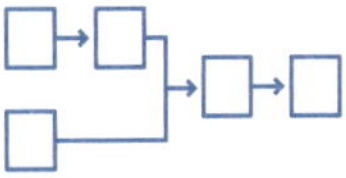

ガントチャート

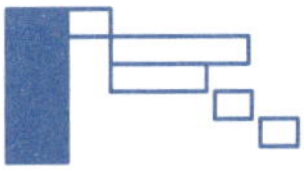

反復

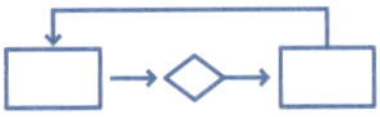

ピラミッド

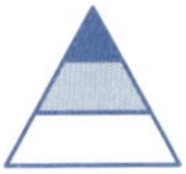

レイヤー

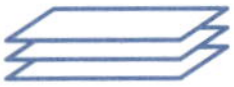

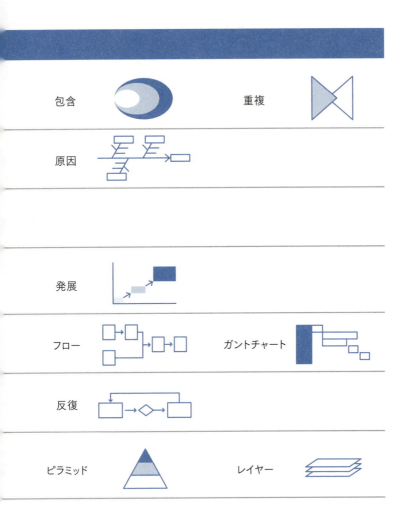

チャートのテンプレート

チャートのタイプ

相関	集合	並列	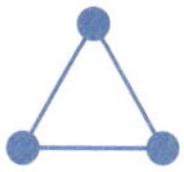
相関	因果	収束	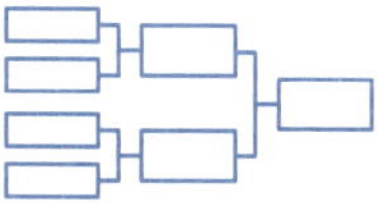
相関	位置	マトリクス	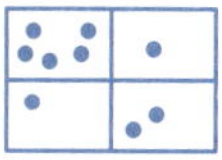
流動	展開	成長	
流動	手順	プロセス	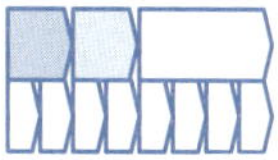
流動	循環	サイクル	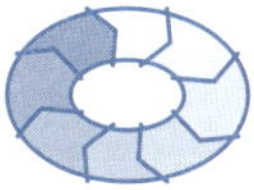
構造	階層	ストラクチャー	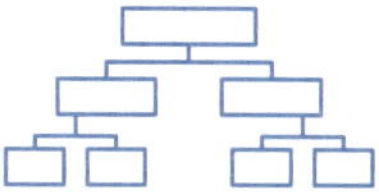

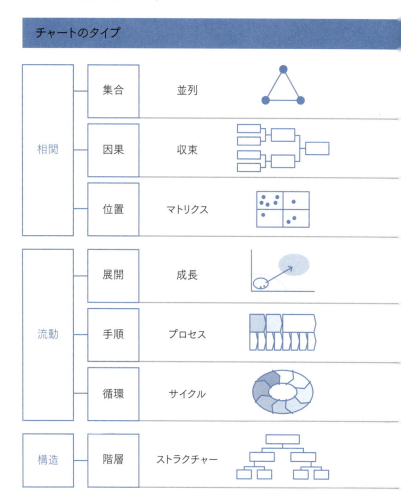

チャートのサンプル［集合］CSRとは？

企業経営の根幹において企業の自発的活動として、
企業自らの永続性を実現し、また、持続可能な未来を社会とともに築いていく活動

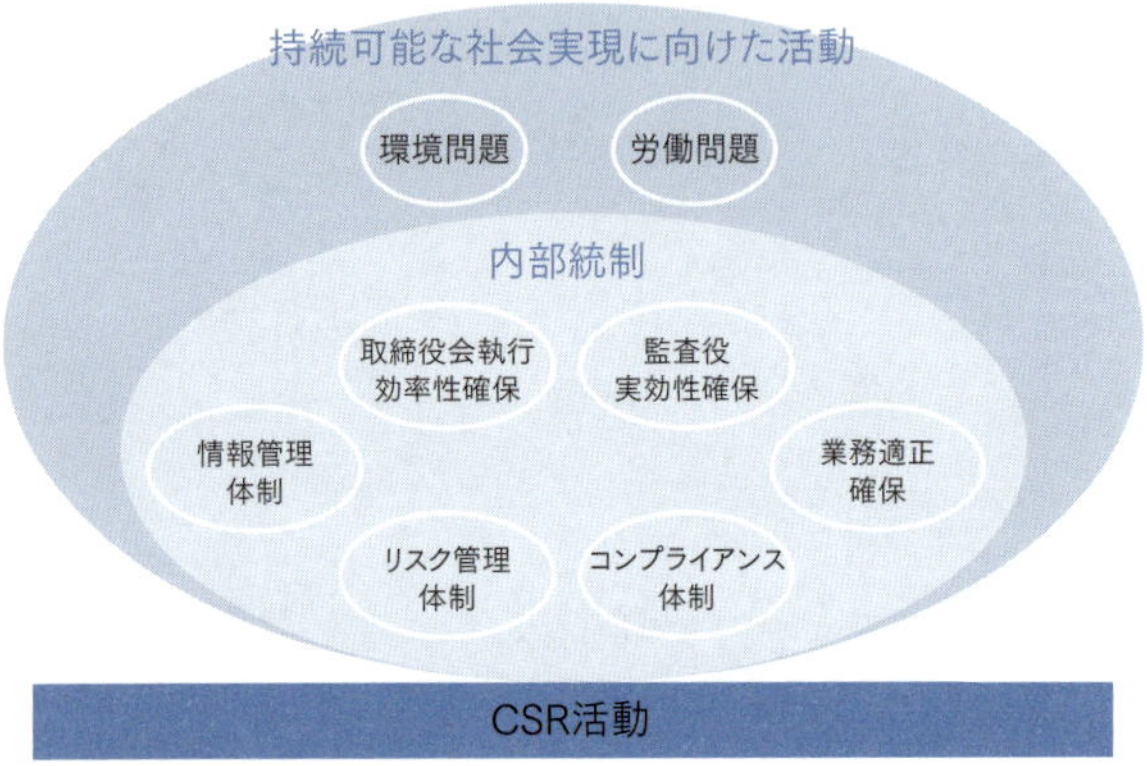

［集合］

チャートのなかでもよく使われるテンプレートです。「○○を構成するのはこの3点」「▲のなかに△が含まれる」といった分類をするときに重宝します。

たとえばCSR（企業の社会的責任）という概念をまとめるときに、単に文章や箇条書きにするのではなく「持続可能な社会実現に向けた活動」という大きな概念がある中に「内部統制」という概念があり、中にはリスク管理をはじめとした従来行われてきた様々な活動を円で表現すると、何が含まれていて、どういう関係性なのかがまとめられます。

「集合」には、並列、包含、重複といったテンプレートがあります。

チャートのサンプル［因果］ビジネスモデル検討視点

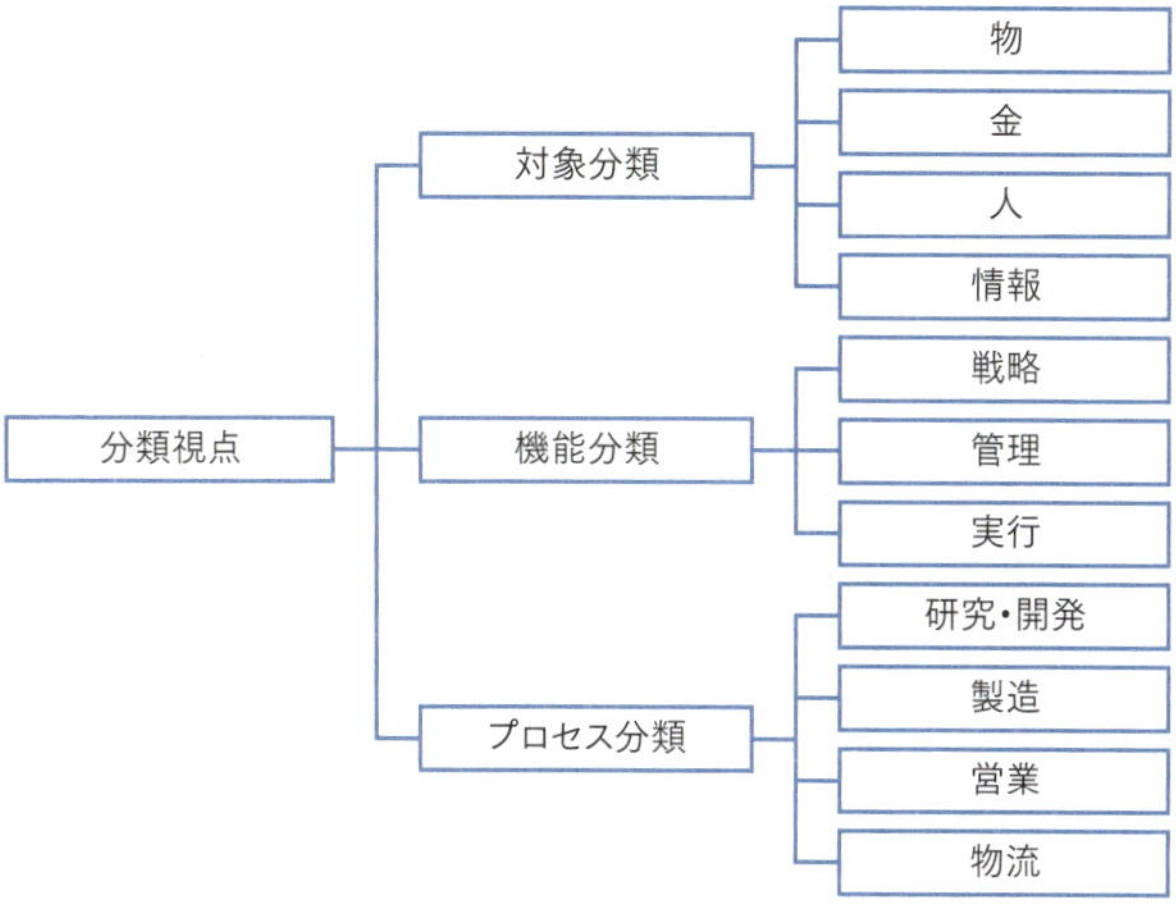

［因果］

因果は、問題を分析する際に用いられるテンプレートです。現場の問題点を分類し、収束させて全体の解決方針を提示したりします。逆に、一つの大きな課題について検討する際に、個別に何を検討するべきかを把握するために使われます。

たとえばビジネスモデルを再検討する場合、漏れなくチェックするためにどういう切り口が必要かを整理して考えるといった使い方や、「欠品率が高いのはなぜか？」「社員のモチベーションが落ちているのはなぜか？」といった問題について、概観することにも使えます。

「因果」には、収束、原因といったテンプレートがあります。

チャートのサンプル[位置]業務による人材配置の例

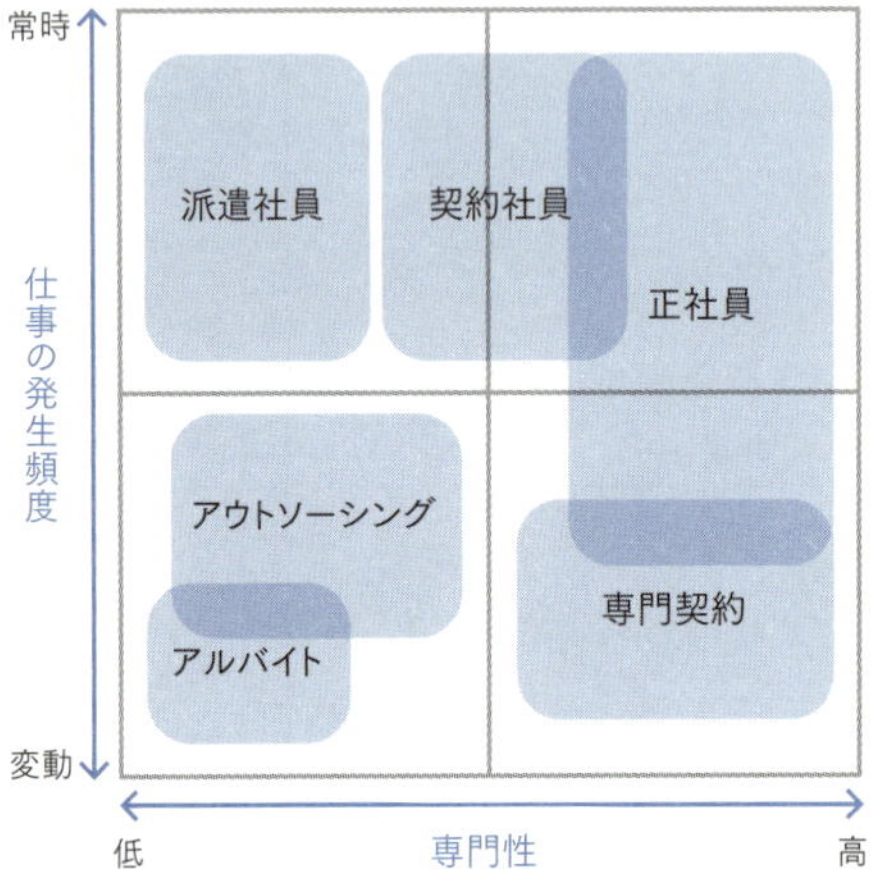

[位置]

さまざまな事項を2軸以上の切り口で分類し、ポジションの違いを把握するのに適したテンプレートです。たとえば業界のプレーヤー、商品、顧客、施策などを分類し、差異を理解するために用います。

縦軸・横軸に何を設定するかで、差異が際立ってくるため、特性を把握する学習のまとめとして適しています。

また、整理した各領域に対する打ち手などの検討にも使えるため、学習のまとめだけではなく、次のアクションを検討するという発展的な活用もできるチャートです。

上図は、企業の人材雇用形態を仕事の専門性と発生頻度で分類した一例です。

チャートのサンプル［展開］キャリアパス

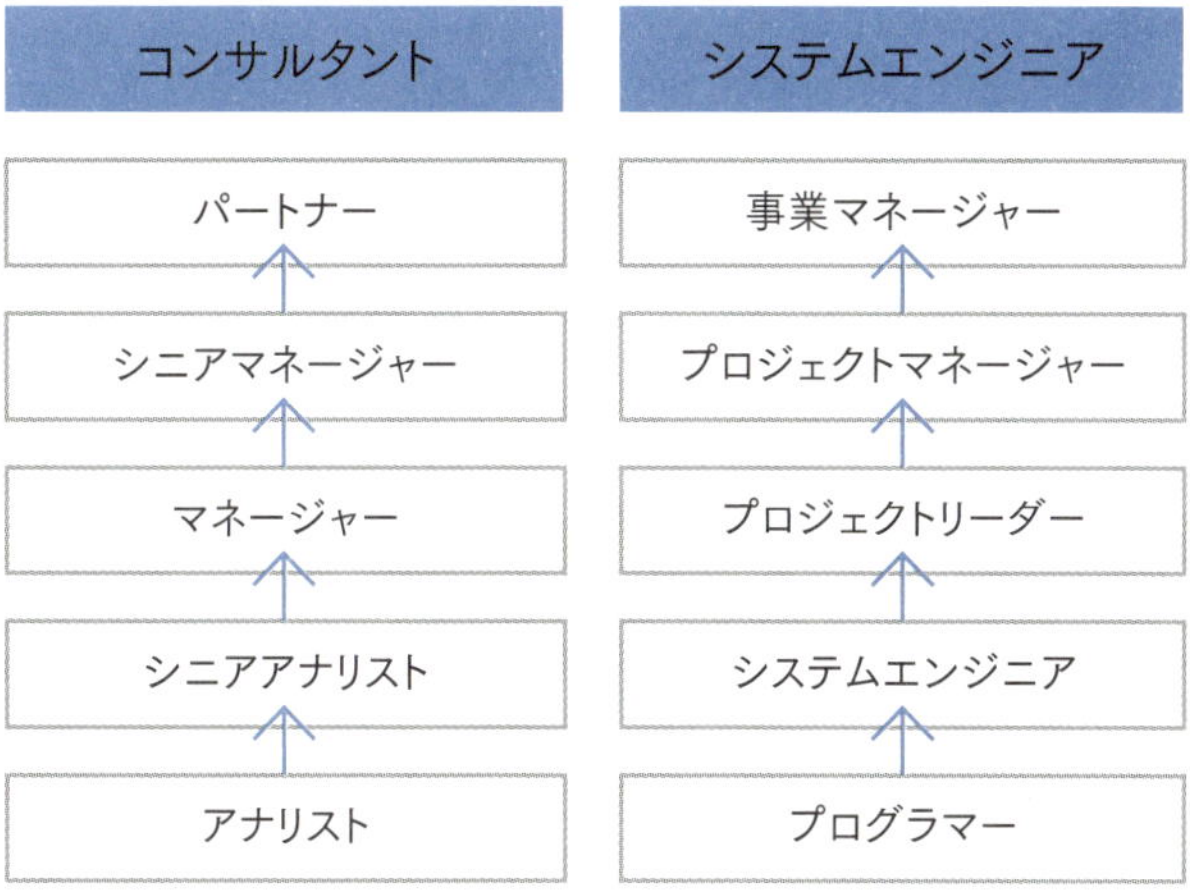

［展開］

時間による推移を表すのに最適なテンプレートです。

たとえば日本経済の移り変わりを、「オイルショック」「バブル経済」「IT革命」というように表すことができます。あるいは、キャリアパスを時間軸に沿ってまとめる場合にも便利です。

また、スキルの習得について「まずAを学ぶ」「次にBを学ぶ」といったように、時系列で進めるアクションについて、学習ロードマップのように使うこともできます。

「展開」には、成長、発展といったテンプレートがあります。

チャートのサンプル［手順］医療業界バリューチェーン

2〜3年	3〜5年	3〜7年	2〜3年		4〜6年
研究・開発	非臨床試験	臨床試験	承認申請	承認・許可 薬価収載発売	市販後調査 再審査再評価
・新規物質の創製研究 ・物理化学的性状の研究 ・化学物質のふるいわけ ・市場動向などから開発分野を同定	【動物での試験】 ・どれくらいの量で効くか ・体内での吸収、代謝など ・体内にどう影響を与えるか ・強い毒性はないか ・発ガン性や胎児への影響はないか	【ヒトでの試験】 ・第Ⅰ相試験（PhaseⅠ）：少数の健康男子対象で安全性確認 ・第Ⅱ相試験（PhaseⅡ）：少数患者対象で用量、使用法の確認 ・第Ⅲ相試験（PhaseⅢ）：多数患者対象での有効性、安全性	・医療用医薬品承認申請 ・申請書類、データ各種提出	・製造承認 ・販売許可 ・薬価基準収載（薬価決定） ・発売	・市販後調査 市販後の実際の有効性、副作用等について広範囲に調べる ・再審査 市販後調査の結果をもとに、再度審査する ・再評価 現時点での学問的水準から、再度評価する

［手順］

業務プロセスなどについてまとめるのに適したテンプレートです。「財務諸表を見る際の手順」「仕事のミスをなくすためのチェック項目」といったチャートを作成するときに便利です。

また手順は、一度作成して終わりではなく、実践を積み重ねることによって、具体性や有効性を増したＬ＆Ｌを蓄積し、それらを随時反映させていくとよいでしょう。

「手順」には、プロセス、フロー、ガントチャートといったテンプレートがあります。

チャートのサンプル[循環]事業サイクル

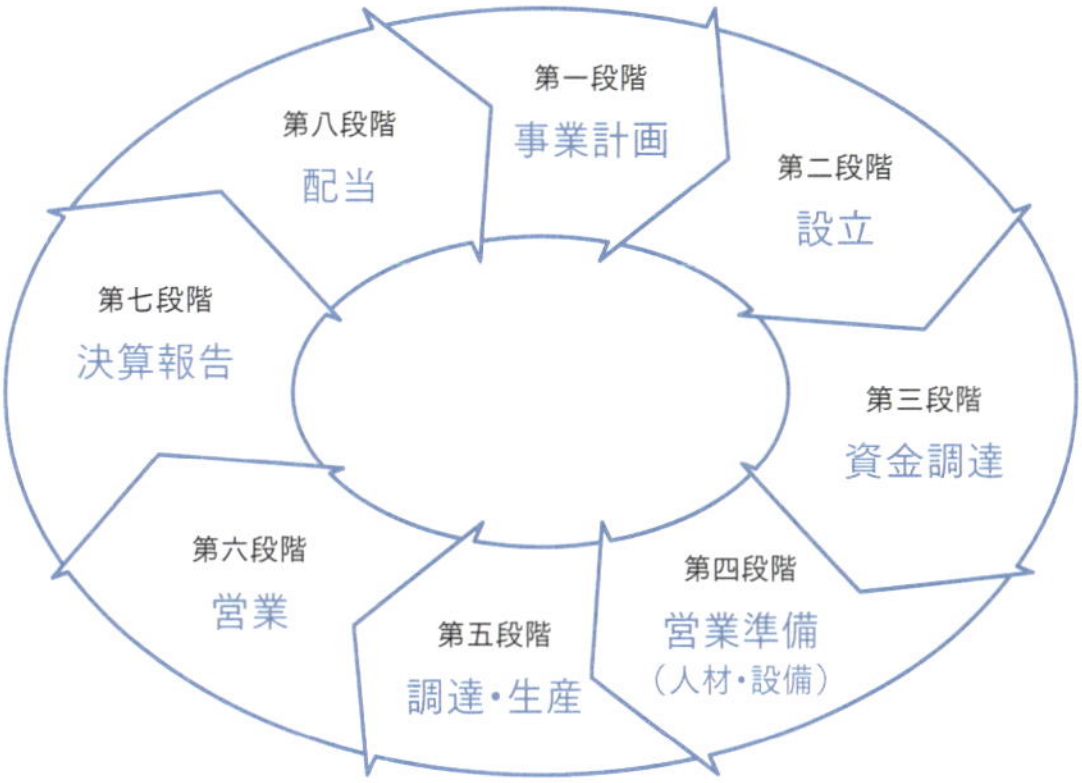

［循環］

ある一定のサイクルで繰り返すプロセスや、手順をまとめるのに適したテンプレートです。

たとえば、企業の経営や事業のサイクル、生産管理や品質管理、人材管理などマネジメント手法をチャートにまとめるときに便利です。

「手順」と似ていますが、たとえば管理手法などは、「手順」のように一度で完結するものではなく、最終結果をプランのインプットとして用いるものなので、「循環」でまとめる方が適しています。

「循環」には、サイクル、反復といったテンプレートがあります。

チャートのサンプル［階層］問題解決に必要な思考と志向

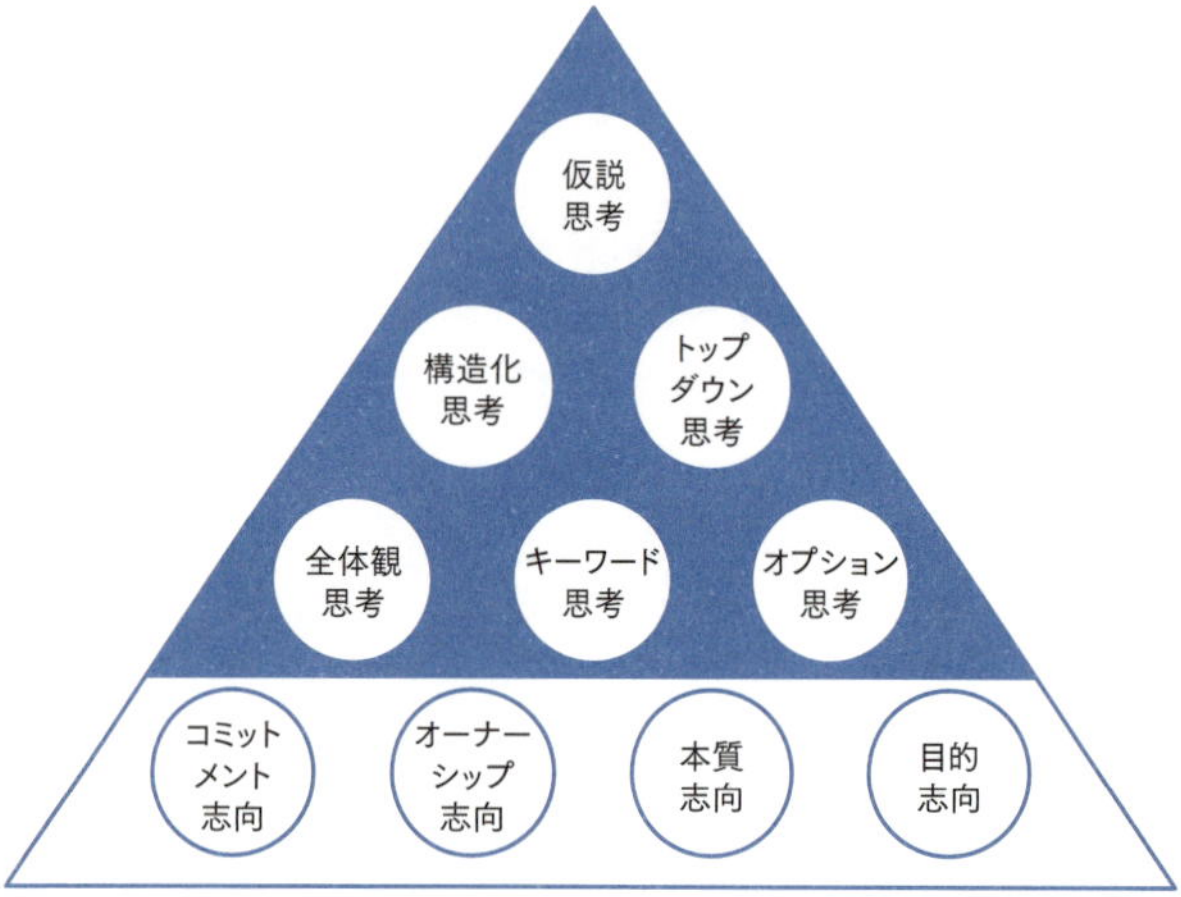

［階層］

階層構造をまとめるのに適したテンプレートです。たとえばシステム業界やネットワーク業界を、レイヤーでそれぞれの構成要素を定義して「今のキープレーヤーは誰か」などとまとめたりするのに便利です。

また、スキル、マインド、心理的テーマ、組織・社会構造なども、「階層」でまとめることが多いテーマです。ベースに何があり、どのような順序で高次に積み上げていくのか、最終到達点は何か、それらを整理したうえで、それぞれの特徴を把握するのに適したチャートです。

「階層」には、ストラクチャー、ピラミッド、レイヤーといったテンプレートがあります。

チャートは異なる切り口から複数作る

チャートを作るときに覚えておいてほしいのが、一つ作って満足せずに、いくつかの切り口から複数作ってみることです。同じことでも異なる側面から見ると、また違った角度からの考察が可能になるからです。つまり、チャートはいくつか組み合わせたほうが相乗効果が期待できるのです。

たとえば、業界勢力図をまとめる場合。業界の現在の状況は「集合」テンプレートや「位置」テンプレートでまとめ、「展開」テンプレートで業界の発展史などをまとめる、という具合にです。いくつかの角度からチャートを作れば、理解が深まるだけでなく、目的に応じて必須のチャートをすぐに思い出すことができます。

もっとも、数を作ればいいというわけではありません。チャートを数多く作ることで、たくさん勉強した気になってしまう危険があります。チャートを作ることが目的化してしまうわけです。

アダルトラーニングでは、究極的には収入に結びつかないことをしても意味がありません。趣味の勉強ならまだしも、仕事に生かそう、収入に結び付けようとするのであれば、そういった無駄は避けるべきです。チャートを百枚作ったところで、それがお金になるわけではないのですから。

チャートが増えてしまうことはむしろ、自分で学んできたことのエッセンスを整理しきれていない、まとめきれていない証拠と考えるべきでしょう。そんな状態では、情報・知識・スキルは稼ぎに結びつきません。

緊張感あふれる場で確実に実践できる。

とっさの瞬間にでも即答できる。

そういった密度の濃いキーチャートは、3枚か、せいぜい5枚くらいのもの。

それらをいつでも引き出せるように自分のなかに染み込ませておくことが、情報・知識・スキルを身につける、稼ぐ力を身につけるということです。

5 「フレーム思考」を身につける

誰でも「できる人」になる方法

作成した、あるいは集めた「チャート」は、ラーニングジャーナルに保存します。そして、仕事をする前に、あるいは時間があるときに読み返し、頭のなかに叩き込むのです。

このように「チャート」を作り続け自分の頭のなかにインストールしていくと、物事を整理し、何かを導き出す思考のフレームが頭のなかにいくつも構築されます。

たとえば人の話を聞いていて、一見脈絡がなく思えても、整理のフレームが頭のなかに思い描かれ、断片的な情報を的確に整理できるようになるのです。

実はこの「フレーム思考」を身につけることが、本書の隠れた趣旨でもあるのです。

自分のなかでフレームを多数構築しておき、どんな状況が来ても、いずれかに当ては

フレーム思考とは？

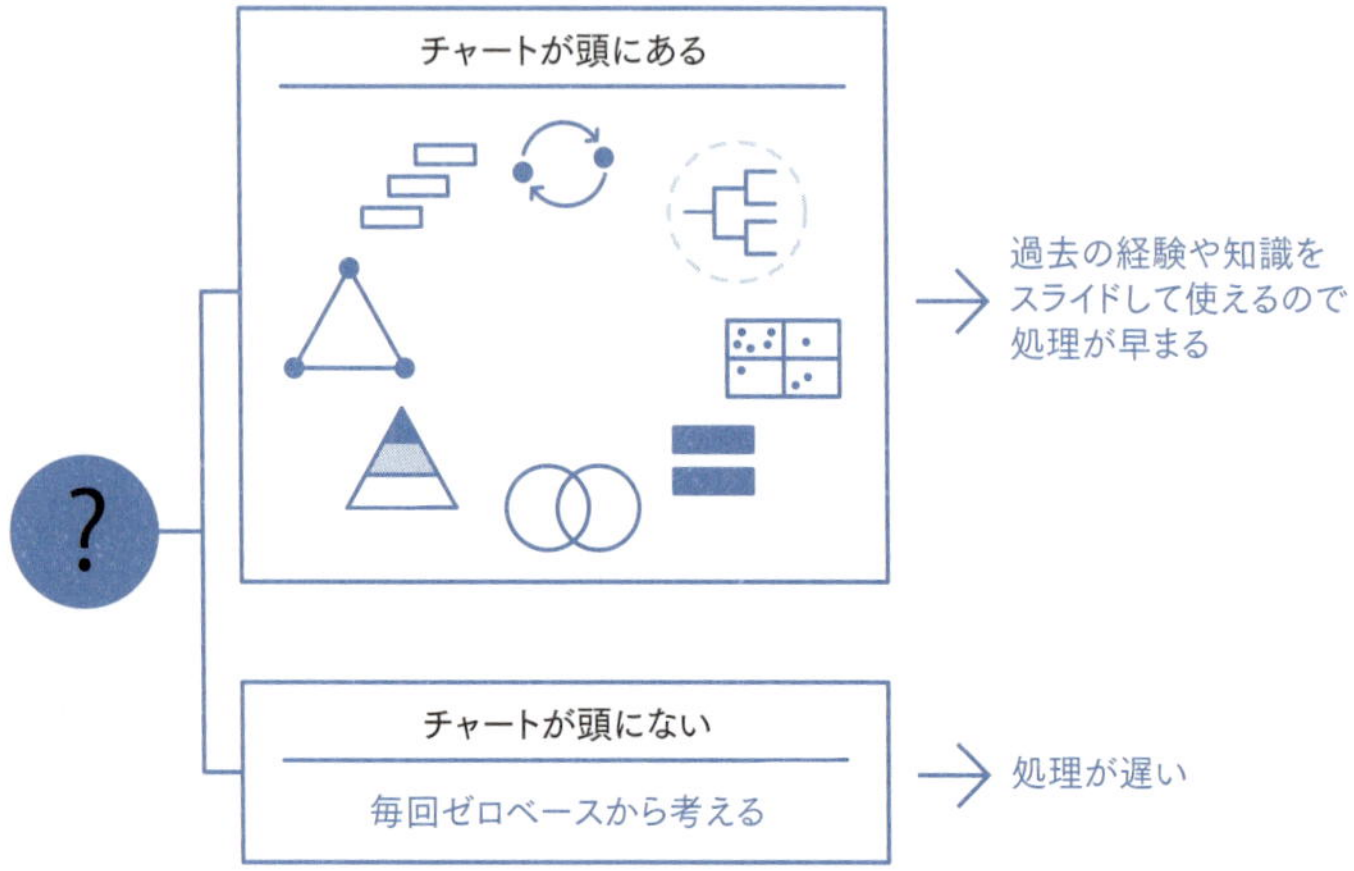

めて、そこから解決の糸口を探る。これができるようになれば、スピーディかつ良質なアウトプットが可能になり、プロとしてのバリューが生まれます。コンサルティング業界では、自分の仕事について、少なくとも50個のフレームワークを持てと言われています。

またフレーム思考は、学びにも有効です。学びのフレームを構築しておけば、新しく何かを学ぶ際にも、キャッチアップのスピードを高め、すばやく本質を理解することを容易にしてくれます。

自分で学びを体系化し、「チャート」を生み出す作業は、まさに自分のなかにフレームを構築し、この「フレーム思考」を身につける訓練でもあるのです。

6 アダルトラーニングのゴール「本質の理解」

「つまり何か?」を一言で表す

「概念の理解」で基礎知識を把握し、「具体の理解」で幅広い情報や経験をインプットして、「体系の理解」で自分なりに体系化します。そして次の「本質の理解」が、学びの最終段階になります。

「つまり一番大切なのはこういうこと」――自分が得た知識や経験を総動員して、最後にこの一言をひねり出す。これが「本質の理解」です。

その道のプロは、経験を経て学習を昇華させた「珠玉の一言」を必ず持っているものです。それは単なるキャッチフレーズではなく、そのプロフェッショナルの実力・哲学を凝縮した、人を動かす大きな力を持つ一言です。「本質の理解」はこれを絞り出す作業です。
「本質」は言葉や文章で表してもいいのですが、最も端的に表せるのは因数分解です。

「○○＋○○＋○○＝△△」
「○○×○○＝△△」

私が尊敬する方々は、こんな「本質」を導かれています。

コンサルティング＝仕組む力×仕掛ける力（ＨＲインスティテュート　野口吉昭さん）
上達の論理＝まねる力×段取り力×コメント力（明治大学教授　齋藤孝さん）

また、私自身がかつてプレゼンテーションの勉強をしているとき導き出した「本質」のなかにはこんなものもあります。

プレゼンテーション
＝プレゼンス（誰が）×コンテンツ（何を）×デリバリー（どうやって伝えるか）

これくらいに凝縮された一言がベストです。何十冊もの書籍、何人もの人の助言、そして蓄積してきた実践経験、それらすべてを集大成して、この「本質」を導いてください。

結果的に誰かと同じ「本質」になってもOK。大事なことは、自分の足でたどり着くことです。自分がようやくたどり着いた「本質」が、実にありきたりなものである場合もあります。むしろ、一見すると「そんなの誰でも知ってるよ」と思えることである場合がほとんどです。でも、それでいいのです。

たとえば、サービスについて勉強している人が、紆余曲折を経て「ホスピタリティ=思いやりの心」という「本質」を導き出したとします。似たような言葉はだいたい、サービスの本の最初の数ページに登場しているものです。

しかし同じ言葉を口にしても、自分の言葉として使っている人と、人の言葉として知っているだけの人では、当然ながらその理解の度合いに天と地ほどの開きがあります。

実際、本で読んだだけの人に、「じゃあ、思いやりって何?」とか、「なぜ思いやりが大事なの?」「どうすれば思いやりを持てるの?」などと尋ねてみると、質問を3つも畳みかけただけで、すぐに答えに行き詰まるものです。

その点、学びによって自ら「本質」を導き出した人は、何を聞かれても即座に答えることができます。そこに到達するまでの、膨大な蓄積があるからです。

「チャート」と「本質」は何が違うのか？

「私はテレビに出演したり、本を出したりするつもりはないから、何もそんな一言を導き出す必要はないのではないか」、そう思われる方も多いでしょう。けれども、学びの最終段階として「本質」を導き出すことには、自分で学習してきたことを本当に血肉とできているのか、その試金石となるだけでなく、次の点からも大きな意味を持つのです。

①自分の力で、仕事の新たな価値を生み出せる

知っているだけ、人と同じことをしているだけでは、価値を生み出すことはできません。しかし「本質」を理解していれば、そこに新たな付加価値を自分の発想から与えることが容易になります。つまり「稼げるプロ」になれるのです。

②プロとして認知される

自分の言葉で「本質」をまとめておいて、折に触れてアウトプットすると、「この人はわかっているな」と評価してもらえます。そういうアピールの積み重ねが、「この人に仕事を頼みたい」「この人と仕事をしてみたい」という周囲の認知に結びつくのです。

「本質」について話すと、「チャートの作成でも、同様のメリットがあるのでは？」という質問もよく耳にします。「チャート」と「本質」の違いについても触れておきましょう。

一言で言うと「チャート」は「○○を説明して」と言われたときの答えに相当します。対して「本質」の一言は、「要はそれについてどう考えるのか？」という問いの答えです。

たとえば「○○業界で成功するには何が必要なのか？」という問いかけに答えるためには、自分が考える業界勢力図や歴史を説明できなければいけません。そこで威力を発揮するのが「チャート」です。「本質」はそのチャートを踏まえて、「だから、これが重要です」と端的に示すのに必要なのです。

端的な一言とはいえ、「本質」には学習や経験から得た膨大なバックボーンがあります。優れたチャートは3分で体系を説明することができますが、優れた「本質」は一言で説明できて、なおかつ2時間でも語ることができるのです。

なお、ここで導き出した「本質」も、ラーニングジャーナルに保存します。自分で作成したものだけではなく、誰かが導き出した「本質」でも、気に入ったものがあれば一緒に入れておきましょう。自分が考えた「本質」と人が考えた「本質」の違いを知ることも、重要な学びです。

7 「本質」を因数分解によって導き出す

言葉のレベル感を揃える

因数分解で「本質」を表現する際には、足し算、掛け算がよく使われます。分子と分母の関係を表す割り算が使われることもあります。なかでも掛け算は、相乗して大きくなるというイメージが魅力的なのか、本質の作成でよく使われる式です。引き算の「マイナス」が含まれるものや、√など、一目で理解しづらいものは、あまり適していません。

言葉のレベル感を統一することも重要です。レベル感とはコンサルタントがよく使う言葉ですが、同じ粒感、同じ規模感、同じ程度感といった意味です。たとえば、

学び力＝具体化力×本質化力×コミュニケーション力

といった因数分解を見ると、どこか違和感を覚えませんか？ それは、単語のレベル感が違うからです。コミュニケーション力は、具体化力・本質化力と同列にできるものでしょうか。具体化力に内包される言葉ですね。だから、見た目に違和感があるのです。これが、レベル感が統一できていないということです。

レベル感はある程度感覚的なものとはいえ、自分が学びを体系化していくうえで身につく感覚でもあります。どうしてもレベル感が揃わないと感じたら、自分の頭のなかでまだうまくまとめられていないということです。

このレベル感が本当にうまく揃うと、いわゆる「韻を踏む」ような統一感が生まれます。究極的には「三つのC」のようにぴったりと当てはまることもあります。

ビッグワードに気をつける

コンサルタントがよく使う言葉に「ビッグワード」というものがあります。たとえば「ブレイクスルー」「イノベーション」「改革」といった、一言でいろいろ言い表せて、ついつい使ってしまいたくなる便利な言葉です。

こういった言葉を使えば、すぐに因数分解が作れます。ただし、安易にこのビッグワードを使うと、表面的な理解で終わってしまうことが多々あります。場合によっては、本質から遠のくこともあります。一つ例をあげると、

経営＝改革×実行

という式。この因数分解について、「では、あなたにとっての改革とは何ですか？」ということに答えられることが必要です。それができなければ、単に言葉が上滑りしているだけで、本質を理解していないことにほかなりません。

また、コンサルタントはイノベーションという言葉をよく使います。でも、きちんと理解していないと、クライアントから「ところでイノベーションって何ですか？」と問われたときに、言葉に詰まったり、うまく伝えられなかったりします。それではコンサルタント失格です。

「本質」のセルフチェック

「チャート」作成時と同様、「本質」についても導き出した後に、自分でその完成度をチェックしてみましょう。ポイントは、

①記憶に残るか
②「本質」をもとに、さまざまな事象を整理・分析したり、結論を導き出したりできるか
③新しい何かを生み出したり、これまで手がつけられなかった複雑な課題や仕事を進める際の指針となるか

の3つです。

とくに「記憶に残るか」については、チャートと同様、人に見てもらうようにするといいでしょう。

人に使われるくらいのレベルなら、使える「本質」だという証です。

8 「体系の理解」「本質の理解」が学びのレバレッジ効果を生む

学びには複利効果がある

本書では、因数分解によって「本質」をまとめることを、学びの一つの到達点と考えています。ここまでできれば知識・スキルは十分実践のビジネスで通用するでしょう。ただし「人生、これ勉強」と言われるように、何かを学ぶことに終わりはありません。とくに、これから人生100年時代を生きていくビジネスパーソンは、本当に多くのことを学ぶ必要があります。

そしてせっかくスキルや業界知識を身につけても、数年で陳腐化するのが現代。トレンドが変わったり、新しい知識・スキルの習得を求められたりで、学ぶべき課題が次々と出てきます。一つ学び終えたから終わりではなく、それからもずっと何かを学び続ける必要があるのです。

「それは大変だ」と気が滅入ってしまいそうな方に、一ついいことをお教えしましょう。それは、「学びには複利効果がある」ということです。

何かを学んで、次にまた学ぶときには、以前よりスムーズに学べます。業界やスキルが近ければ近いほど複利効果は上がります。まったく無関係な領域でも、チャート化する、本質を作成するといった行為は同じですので、「学ぶ」という行為自体の勘所がよくなり、上達していくのです。

7つの外国語を習得した人にとって、8つ目の語学を習得する労力は、1つ目の語学を習得するときよりはかなり楽になっているはずです。これは、語学を習得すると同時に、語学を学ぶスキルを習得しているからです。

本書でご紹介したノウハウ、たとえば「体系の理解」における「チャート」の作成や「本質の理解」における「本質」の作成は、まさに学びのスキルです。これは、使えば使うほど切れ味を増す武器です。

Aという業界の知識を学んだら、次にBという業界の知識について学ぶときには、以前よりスピーディに全体を把握し、自分のなかで体系立ててまとめることができるでしょう。「チャート」のまとめ方一つとっても、かつて自分がやったパターンに当てはめることで、より的確かつ効率的に作業を進めることができるようになります。

CHAPTER6

学びの効率＆効果を高めるラーニングハック

私が実践しているちょっとしたコツ

1 学習計画は「短期決戦」&「グロス思考」で考える

学びの基本は短期決戦

学習は、あまり長期にわたって計画せず、短期決戦で臨むほうが効果的だと思います。1年間毎日学習を続けるなど、よほど自分に厳しい人でなければできないでしょう。でも1週間だけ、1カ月だけやる、ということなら何となくできそうな気がしませんか?

乗り気のしない勉強でも2週間程度なら続けられます。どれほど苦痛を感じても、これも2週間のガマンだと思えば耐えられるものの、1年間続くとなるとゲンナリして投げ出したくなるのが人の常でしょう。

人はモチベーションをそう長く維持することはできません。いくらキャリアの目標がはっきりしていても、それを実現するために10年かかると言われたら、さすがにモチベーションは下がります。

もっとも、数年あるいは数十年にわたって学び続けるテーマもあります。ビジネスパーソンにとってマネジメントスキルやリーダーシップ、あるいは業界知識などは長期間、ともすれば生涯にわたって学び続けることになるかもしれません。

しかし、そういったテーマを学ぶ場合でも、まずは集中的に数週間〜1カ月程度の短期学習を心がけるのが賢明です。

学習には「ラーニングカーブ」というものがあります。学習量を横軸、学習効果を縦軸とした場合、常になだらかな右肩上がりの線を描くわけではありません。「しばらくはジリジリと低空飛行を続け、ある一点を超えると一気にググッと上昇カーブを描く。その後また低空飛行に入り、どこかの一点でまた上昇カーブに……」といった繰り返し。これは、「土台が身につくと、その後の吸収力や理解力が一気に向上する」ことの現れです。どんな領域の勉強にも当てはまることでしょう。

この「ある一点」をいかに早く迎えるかが、全体を通して効率よく学習するポイントになります。たとえ生涯をかけての学習テーマだとしても、最初の数週間〜数カ月の詰め込みが、その後の人生に大きく影響を与えるのです。

計画はグロスで考える

「継続は力なり」――。

学習もその例外ではなく、毎日続けることが最も大切です。ただし、重要なのは「毎日やる」ことで、「毎日同じ時間やる」必要はありません。毎日同じ時間の勉強を課すことが、かえって効率を悪くさせるケースも多いのです。

仮に1カ月（4週間）で60時間の学習計画を立てたとします。その場合、毎日均等に2時間少々勉強するというカリキュラムを作成しますか？　そういう人は少数派でしょう。たいていの人は「平日は毎日1時間、土日は5時間」といった具合に時間を割り振ると思います。土日が休日のビジネスパーソンなら、忙しい平日の学習時間を少なめにして、休日にリカバリーするという時間配分をしたくなる、その気持ちはわかります。

これがダメというわけではありませんが、もっとメリハリのある時間配分にしてはいかがでしょうか？　たとえば「平日は12分、土日は7時間」とか、「毎週水曜日をノー残業デーにして3時間、他のウィークデーは1時間、土曜日は10時間、日曜日は30分」、少々極端ながら「平日は30秒、土曜日は5時間で日曜日は10時間」など、そのくらいのメリハリをつけたほうがいいのです。

要は、「学習時間は、1カ月や1週間といった期間内の総量で捉える」「決して毎日均等に時間を割り振らない」ように、学習時間をグロスで考えることがポイントです。

学習の基本は短期決戦であると述べましたが、その短期決戦における学習時間の設定も同じです。毎日一定量をインプットするより、どこかの日にガッと集中的にインプットするほうが、効果的に学習を進めることができます。

そもそも毎日同じ時間、何かを続けるのは、短期間でも苦しいものです。突発的な用事ができて30分の時間でさえ取れない日もあります。学習時間を均等に毎日割り振るということは、それだけ「勉強ができないかもしれない日」を偏在化させることになります。

毎日学習を続けることは大切ですが、1日でもやれない日があると後にしわ寄せがくるような計画を立てると、それが挫折のきっかけになりかねません。それよりは、確実に学習時間が確保できる日を決め、そこで集中的に詰め込み、その他の日は最低限の継続努力ですむようにしておくほうが、結果的には学習の成就率を高めるのです。

2 毎日1時間より毎日30秒がんばる

ハードルは下げられるだけ下げる

学習のタイムマネジメントということでいうと、1日の学習時間をどれくらいにすればいいかは、みなさんも興味があるところでしょう。

本書の原稿を執筆するにあたり、参考までに書店に並んでいる勉強法の本を10冊ほどあらためて読破してみたところ、「毎日最低、○時間はがんばる」というミニマム時間の設定として、一番短かったのは30秒でした。次が10分。長くとも30分。1時間という設定を推奨する人は皆無でした。

どの本でも、「とにかく短い時間に集中的に勉強し、それを毎日続けなさい」と強調されていました。私もまったく同感。毎日の学習時間は、できるだけ短くすることをおススメします。そもそも、毎日長時間勉強するということ自体、ほとんど不可能なのです。

「それにしても30秒って、短すぎるのでは」と思いますか？

そんなことはありません。というのも、「毎日1時間がんばる」なんて決意すると、自分の覚悟とは裏腹に、「無理に決まってる」という自分への負の先入観が先に働いてしまうからです。

それに、実行できないとなっても、「仕事が忙しくて」「家事が大変で」「どうしても断れないつき合いがあって」など、毎日1時間を続けられない自分への言い訳はいくらでも作れます。実行する気のない決意をするようなものなのです。

しかし30秒となると、「無理に決まってる」と思える根拠がない。「できない言い訳」をするのも難しい。あくびをして時計を眺めるだけでも過ぎる時間です。30秒は、ある意味自分にキチンと勉強させるための「最後の砦」と言ってもいい時間設定なのです。

このように、毎日の自分の学習時間に対して無理なハードルを作らず、究極まで下げることは、学習を始めるエントリーポイントとして必要ではないでしょうか。

実は私自身、以前から「1日○時間がんばろう」と考えたこともありませんでした。でも、「毎日、本に触れよう」ということだけは決めていました。「どんなに忙しくて眠くても、1日1度は本は開こう」と。

ある意味マインドコントロールですが、毎日のハードルを下げておくと、途中で挫折する可能性が少なくなります。これが、アダルトラーニングにおけるタイムマネジメントの第一歩になると思います。

それに、「最低でも30秒やる」と決めた場合、本当に30秒で切り上げられるかというと、まぁ無理でしょう。勉強を始めると、3分くらいはすぐに経過するもの。それで毎日3分が可能とわかれば、すぐに毎日10分も可能になるでしょう。「勉強に乗ってきて、結果的に1時間を超えていた」という日も当然出てきます。

決して入り口のハードル設定を間違えないことです。たとえ結果的には1時間勉強することになっても、入り口は30秒としておく。毎日どんなに忙しくて、どんなに眠くなっても30秒は必ずやる。これが毎日勉強を続けるための正しいタイムマネジメントです。

また、デジタルツールの発達で、学びの形態も大きく変わってきました。この後でお話しするオンライン動画サイトや電子書籍などを利用すれば、短時間で効率よく学ぶことも可能です。どうしても、学びから離れたくないという人は、こうしたデジタルツールを積極的に利用することをお薦めします。

とにかく無理せず、ハードルを下げて、それでも接点は保ちつつ、細く長くつづけていくこと。人生は長く、一生学べる時代になったのですから、焦ることはありません。

3 最初はわからなくても座っているだけでいい

まずはその世界に身をおくだけでも良しとする

学習のスタート時にハードルを下げるという考え方は、時間以外にも応用できます。たとえば何かを学ぶとき、最初はよくわからなくても「わからなくて当たり前」という気持ちで、とにかく毎日それに触れ続ける、セミナーなどに通い続けるのです。

私はアパレルメーカーからコンサルティングファームに転職したとき、1日で「辞めよう」と思いました。無知ゆえに最初は戸惑うことをある程度は覚悟していたものの、コンサルティングファームで使われている言葉がほとんど理解できず、想像以上に大変だとわかったからです。

それでもMBA読本みたいなものをひたすら読んで努力したのですが、英語のスリーワード（たとえばＣＲＭとかＳＣＭとか）があまりにも多くて、誰の発言を聞いても「何言ってるの？」状態。異星人と会話しているようでついていくことができず、会社に行きたくないという気持ちが強まる一方でした。

けれども、１週間ぐらい経過した頃、私は自分にこう言い聞かせることにしました。

「まずはここにいるだけで良しとしよう」

何事も最初は、できない、わからないで当然です。だから最初の2~3日は行きたくない気持ちがすごく強かったのですが、そこで逃げていてはどんな壁も乗り越えられません。気持ちを１８０度転換させて、「理解はできない。でも、私はここに居続けることはできる」と考えるようにしたのです。

外国語を習得するときもそうですが、最初は聞き取れなくても、わからないなりに外国人の近くに居続ければ、雰囲気には慣れてきます。同化する、とでも言いましょうか。何事もこれが、新しいことを身につけるスタート地点ではないでしょうか。

わからない、できないからと言って背を向けない。まずはその環境に身を置く、座っているだけで良しとする考えは、とても重要だと思います。何もできなくとも居続けることで同化していく、それが学びの第一歩なのです。

4 書類や資料をすべてペーパーレスにする

レスペーパーからペーパーレスへ

独立してから徹底したことの1つに、ペーパーレスがあります。レスペーパー（紙を減らす）ではありません。完全ペーパーレス（紙をなくす）を目指しているのです。

ペーパーレスは元々コンサルタント時代に身についていましたが、管理職時代には普通にデスクがあり、書類や資料を置くことができ、気がつけば増えていました。

しかし、独立してからは、事務所スペースに限りがありますし、そうそう書類や資料を置いておくことはできません。また、講演や研修などで地方に出かけることが多くなり、締め切りを控えた原稿を旅先で書かなければならない状況も増えました。

「パソコン1つあれば、どこでも仕事ができるからいいよね」などと言われますが、とんでもない。原稿を書くためには、山のような資料や参考文献が必要です。とてもノマドを気取ってなんかいられません。

できるだけデジタルにしないと仕事にならない――そう実感した私は、紙の資料をデジタル化して完全ペーパーレスを目指したのです。

学びにおいても、書籍以外の資料としてペーパーを読み込む必要があるケースは今も多いです。そんなとき、完全にデジタル化しておけば、どこでもそれを取り出し、学ぶことができるのです。

書類やペーパーの資料については、分量が多いものはスキャニングしてデータを保存し、ペラ1枚のものはスマートフォンで写真を撮影し、現物はすぐに破棄してしまいます。

仕事の資料以外にもペラ1枚のペーパーは数多く、今では子供の学校からもたされるお知らせなどの紙も、スマートフォンで撮影しています。

まだ完全ペーパーレスというわけにはいきませんが、おかげで私の周りはだいぶスッキリし、何より身軽になりました。物事を処理するスピード感もアップしたように思います。膨大な書籍資料を抱えている方や、日々増殖していくペーパー資料の管理に困っている方は、デジタル化を検討してみてはいかがでしょうか。

書籍も自炊する

仕事がら、参考資料としての本を年間２００冊以上購入しています。それらをキンドル版で購入できるものは電子書籍として購入するようにしました。

一般的な家で置いておける本の数には限りがあります。しかし、滅多に参照することはないけれど、ときどき必要となる資料もありますから、捨てるに捨てられません。

本を自炊してデジタル化しておけば、データはウェブ上にアーカイブされ、必要なときに端末にダウンロードして参照することができます。端末１つ持っていけばすべての参考文献を閲覧することができるので、ノマドも苦にならなくなりました。私のように、山のような資料を必要とする者にとって、本のデジタル化はとても便利です。

ただし、自炊は自分のために利用することのみ許されています。データを他人が閲覧可能な状態にしたり、売ったりする行為は、著作権法に抵触しますから、本のデジタル化を進めようとする人はよくそこを理解して行うようにしましょう。

5 私がオススメする動画の学習コンテンツ

いつでもどこでも授業が受けられる

効率的に学ぶためには、デジタルコンテンツを積極的に活用するのも1つの方法です。とくに近年のオンライン動画サイトの充実ぶりはすばらしく、学びに使えるサイトがたくさんあります。そのいくつかをご紹介します。

・Ｕｄｅｍｙ（ユーデミー）

世界最大級のオンライン学習プラットフォームです。

Ｕｄｅｍｙの特徴は、誰でも自分が先生になって学習動画をアップロードすることができることです。11カ国の言語に対応していて、日本語の講座もかなりの数あります。

ユーザーは1回目の講座を無料で視聴することができます。2回目以降は視聴料がかかりますが、その金額はアップロードした人が決めることができ、売上げの30%をＵｄｅｍｙに支払います。無料の講座もあります。

実は、私の講座もＵｄｅｍｙにアップされています。元々はベネッセで公開していた講座ビデオですが、ベネッセがＵｄｅｍｙと提携したことで、こちらに移管されました。

海外の著名講師の講座もあり、日本語の吹き替え版が用意されているものもあります。なかなか受講することができない海外の人気講座をそれほど高くはない金額（ほとんどの講座が1万円以内）で見ることができるので、学びたい人にはとても魅力的でしょう。

ビジネススキルからプログラミング、ウェブサイトの作り方、掃除の仕方などの日常ハウツーまで多岐にわたるコンテンツがそろっており、また1本の動画が10分以内（多くは2〜3分程度）で構成されているのも人気の秘訣。忙しくて、まとまって学びの時間が取れない人でも、これならスキマ時間に見ることができます。

・Ｓｃｈｏｏ（スクー）

Ｓｃｈｏｏは、生放送の講座に視聴者が参加できる参加型オンライン学習動画サービスです。ライブ画面の横にチャット画面があり、視聴者が自由に書き込みをすることができます。チャットに寄せられた視聴者の質問に答えたり、反応を見ながら授業を進めるなど、双方向にやりとりできるライブ授業が人気です。

講座の８割はアーカイブされ、生放送は無料で視聴できますが、アーカイブを観るには有料の課金サービスに登録しなければなりません。

講座に参加して質問をしたい人はライブを視聴し、時間が取れない人はあとからアーカイブで見るというように、それぞれのタイミングで効率よく学ぶことができます。

・スタディプラス

スタディプラスは、「学びのＳＮＳ」と呼ばれるスマホアプリです。私が入会したときは会員数50万人だったのが、いまや２５０万人を超え、急成長を遂げているＳＮＳです。

基本的には、毎日の学習の記録をつけるものですが、その記録はフォロワーにも共有され、「いいね」がついたり、励ましのコメントが来たりします。勉強方法や利用しているテキストや講座についてアドバイスをもらったり、お互いに意見交換を行うなど、学習をキーワードにさまざまなコミュニケーションが行き交っているのです。

一人で勉強するのはしんどいですよね。でも、このアプリに登録すると、志を同じくする多くの仲間と出会うことができます。そんな仲間たちとのコミュニケーションはモチベーションを高め、もっと勉強したいという意欲をかき立ててくれることでしょう。

6 いい勉強会、セミナーの見つけ方

「サブタイトル」でセミナーの内容を判断する

「概念の理解」「具体の理解」における学びの基本は読書ですが、セミナーや講演会を聴きに行くのも効果的です。活字と違って、生の話を直接聴くことで、良い刺激を受けることも多々あります。

ただし、書籍に比べるとセミナーや講演会は値段が張りますので、選んで聴講する必要があります。

私がセミナーを選ぶ際の一つのポイントは、そのセミナーのメインタイトルよりも、むしろサブタイトルです。メインタイトルは往々にして、ビッグワードだけが踊っているケースが多いので、あまり良し悪しを比較できません。

しかし、サブタイトルは内容を凝縮したもっと具体的なものが多いのです。おもしろそうだと感じるものであれば、中身がきちんとしている可能性が高いと言えるでしょう。

勉強会の正しい参加方法

著名な講師や先生の講演ではなく、アマチュア同士が開催している勉強会に出席することも社会人の学習にとって効果的です。さまざまな異業種の人が集い、意見を交換することで、知識が増えるだけでなくマインドも大きく刺激されます。

勉強会でよくあるのが、毎回誰かが一つのテーマについて発表し、それについて議論するという手法です。こういった勉強会でたまに見かけるのが、自分が発表するときはがんばるのに、他の人の発表はまったく聞いていない人です。あるいは、発言内容を全部記録しようとノートパソコンへの入力作業に没頭してしまい、自分の発言はしていない人。こういう人たちは、勉強会で得られるものの半分も習得できません。

ビジネスパーソンの学びの場合はとくにそうですが、インプットだけでは学べません。自分の疑問などをその場でアウトプットすることで、より効果的な学びになります。

アダルトラーニングでは、「フィードバック」「相互の対話」「人が何かをしているのに対してコメントする」といったところが一番大事な学習だということです。

ほかの人がやっていることから気づきを得て、それに対して自分はこう思うとか、その人のいいところはこれであるというようなことを指摘できるかできないかが、学習効果の大きな差となって現れるのです。

何も、高名な先生やインストラクターだけが学習機会を与えてくれるわけではありません。たとえ素人でも、自分の周りの人は誰でも、自分に気づきを与えてくれる存在です。ですから、たとえば他人がプレゼンテーションしていたら、「彼はここがうまいな」「この考え方は参考になる」などと、自分なりに考え、発信していく姿勢が大事なのです。

そこができない人は、貪欲に学び取る姿勢が欠けています。良い例からも悪い例からも、自分と同列の人からも、とにかく盗み取るという意思がないということです。

なお、社外の勉強会はセミナーや講演会よりも入手できる情報が乏しいので、良い勉強会を見分けるのは非常に困難です。効果的な方法は一つ。とりあえずどこかの勉強会に参加して、その参加者から他の勉強会の情報を聞くことです。そういった参加者は複数の会に参加している、またはかつて参加していた可能性が高いので、生の情報を仕入れることができます。

7 プロを雇って学ぶのはコスパが良い

私が1年で4冊の本を上梓できた理由

誰にも忙しくて、なかなか時間がとれないときがあります。とくに女性は、結婚、出産、そして子育てと、忙しさに拍車がかかるステージがいくつもありますから、その中で仕事をこなし、さらに学ぶとなるとたいへんな努力が必要になります。

私も、ライフステージが変わるときに、そのことを実感しました。会社を辞めて独立するのと、子供の小学校受験が重なり、本当に目の回るような忙しさを体験したのです。

そのとき、私が選択した学び方は、直接プロに教えてもらうというものです。

たとえば、本の書き方。それまでも何冊か本は出してはいましたが、独立したことを契機に本格的にしっかりしたものを書きたいと思い、あらためて本の書き方を学びたいと考えたのです。ライター講座のようなものではなく、生の声を聞きたかったので、コネを生かして何冊も本を出している著者の方々にお目にかかり、直接話をうかがうことができました。

みなさん、ていねいにいろいろなことを教えてくださいました。取材のしかた、メモの取り方と管理の方法、読者の関心を引きつける構成の立て方……どれも多くの経験から導き出された独自の方法論だと思いますが、隠そうともせず、しかもうれしそうに教えていただいたことは感謝してもしきれません。

そんなプロの先生の中に、年に10冊も本を書いている方がいました。ほぼ毎月1冊のペースで上梓していくなんて、2年に1冊出せるかどうかだった私には驚愕以外のなにものでもありません。でも、「やろうと思えば、10冊も出せる」という事実は、「忙しいからムリ」「子供がいるからできない」という私の凝り固まったメンタルバリアを根本から壊してくれました。そして、元来その気になりやすい私は、独立した年に4冊も本を出すことができたのです。

おそらく、その道のプロの方に会って、直接話を聞かなければそんな気にはならなかったでしょう。こんな大きな化学変化を起こせるのですから、プロから直接教えを受けることはかなりお得なのではないでしょうか。

時間と質をお金で買う

実は、プロから教えを受けるメリットを実感したのは、このときばかりではありません。仕事と家のことを両立するために効率的な家事のやり方を学びたいと思い、お掃除のプロからマンツーマン指導を受けたことがあるのです。

使う洗剤は1種類、器具はほんの数種類、こういう汚れはこのように落とす、効率的な手順はこれ……そのときも、目からウロコの連続でした。

プロからマンツーマン指導を受けるわけですから、それなりのお金はかかります。でも、教えてもらったことで、余分な洗剤や清掃器具は買わなくなりますし、汚れ落ちもすばらしい。毎日効率よくお掃除ができるので、年に一度の大がかりな大掃除もいりません。費用対効果は非常に高いと感じました。

世の中には、さまざまなプロフェッショナルがいます。お料理やメイクはもちろんのこと、家庭菜園の指導、開業ノウハウに至るまで、どんな分野にもその道のプロが存在します。

早くスキルを習得したい、忙しいので効率的に学びたいと考えている人は、こうしたプロから直接学ぶことも選択肢の1つとして考えてみてください。ピンポイントで聞きたいことが聞けますし、面と向かっているので教え方もていねいです。

8 会社は最強の学び場

会社員時代に学ぶべきこと

みなさんの中には、今は会社に属しているけれど将来独立を考えている人もいるでしょう。そんな方のために、私が独立、つまり会社を離れて気づいたことをお話しします。

それは、私がいかに会社で多くのことを学んできたかということ。現在の私がまがりなりにもこうして仕事を続けていられるのは、間違いなく会社でいろいろなことを学ばせてもらったおかげです。

会社に勤めているときは、そんなことは思いもしませんでした。私もそうでした。しかし、会社と距離をおいた今、勤めながら、本当に多くのことを学ばせてもらったと実感します。

コンサルティング会社という仕事がら、多くの企業トップとお会いし、直接話をする機会に恵まれました。そういう方々から受けた薫陶は今も私の大切な財産です。また何十億円という大きなプロジェクトを自分の手で動かすことができたのも、会社にいたからこそです。

会社で受ける教育プログラムを含め、会社から実に多くのことを学び、吸収しています。それは私だけではありません。あらゆる職業で、あらゆる人が何かしらを学び取っています。

そして、それを意識できるかどうかで、学びの総量は変わってきます。

最近は、ブラック企業や不正会計問題などで企業の暗部がさらされ、会社勤めに対してネガティブなイメージをもつ若い方も多いようです。歯車の一部になるのは嫌だという意識もあるかもしれません。

そうしたものを否定するつもりはありませんが、生活するお金を稼ぐためだけの存在として会社を捉えるのは、あまりにももったいないと思います。午後6時までは仕方がなく仕事をやって、退社してからが自分の学びの時間だと考えるのも損です。

会社は、給料というお金をもらいながら、さまざまなことを試せる場です。こんなお得な環境はそうそうありません。ひどい上司に悩まされていても、それを反面教師としながら良好なコミュニケーションのあり方や部下のモチベーションの上げ方を学び、考える機会になります。ブラック企業や不正会計を行うような会社でも、つまずきの芽ややってはならない行動をつぶさに観察することができるでしょう。そのうち会社を辞めて独立すると思えば、どんな環境にあっても会社を修業の場と捉えることができるはずです。

思い出してください。会社に入った新入社員時代、私たちはまだ右も左もわからないゼロの状態でした。それから何年会社に勤めるかわかりませんが、ゼロをプラスに、それもできるだけ大きなプラスにして辞めないと損だと思いませんか？　そう考えると、会社に対する見方はガラリと変わるはずです。

会社に勤めているなら、そこから吸収できるものは吸収し、学べることは学んでいく。そんなガツガツした学び欲があってもいいのではないでしょうか？

独立するまえにこれだけは学んでおきたい

一つのスキルに長けているからといって独立が成功するわけではありません。自分を売り込む営業力やブランディング力、ビジネスの芽を見つけるマーケティング力など、スキル以外の能力も必要になってきます。法人がやっていることを個人で行うわけですから、それは当たり前のことですね。

そんな当たり前のことに、私は会社を辞めてから気づきました。会社にいるうちに少しでも学んでおけばよかったと後悔もしました。

ですから、これから独立を考えている方に私からアドバイスすると、武器となるスキルを磨くと同時に、幅広くマネジメントについて学んでおくことをおすすめします。会社にいる間は、それを無償で学ぶことができるのです。こんな機会を逃す手はありません。


もう一つ、独立するなら人脈をたくさん築いておけとよく言われました。人脈があれば、独立しても仕事に困らないというわけです。

それは正しいと思いますが、私は独立してからできるだけ知り合いではない方の仕事を獲ろうと努めてきました。仕事がら、企業のお偉いさんの知り合いはたくさんいましたが、ふと「彼らはあと何年、その会社にいるのだろう」と考えてしまったのです。

彼らに頼り切っていると、彼らが退職した後、仕事がふっつりとなくなってしまわないとも限りません。実際、人脈で仕事をとっていた人が、最初はよかったけれど、だんだん尻すぼみになっていったという話はよく聞きます。

そこで、知り合いのほうから声をかけていただいたときはありがたく仕事をさせていただきましたが、こちらから積極的にアプローチをかけることはしませんでした。その代わり、新規顧客の開拓に力を注いだのです。漁師の世界にも「漁場ではなく釣り方を教えよ」という格言があるそうです。海流の変化などで漁場は変わってしまうことがあるけれど、釣り方を覚えればどんな漁場にも対応できるからです。

会社で築いた人脈などの財産を使うのは悪いことではありませんが、それに頼り切るのではなく、新しいビジネスの機会を得るための努力を惜しまないこと――それが独立してから得た私の大切な学びの一つです。

9 健康な生活が学びの基本

睡眠時間を削っては良い学習はできない

学生と社会人の学習の大きな差の一つは、「かけられる時間をやりくりしなければならない」点にあります。社会人は仕事があるので、学ぶことに全リソースをかけるわけにはいきません。となると、どうやって学習時間を捻出するかが鍵となります。それも、そもそも余裕時間が毎日あるビジネスパーソンはいないので「何をやめるか」という視点で考えるしかない。何かをやめないと新しく何かを始めることはできないのです。

そこで「何を削るか」です。切り捨てる領域は人によってそれぞれですが、よくあるのは睡眠時間に手をつけることです。しかし、長い目で見ると、睡眠時間を削って学習することは、「百害あって、一利なし」です。毎日の自分の睡眠時間から1時間を削ったとして、眠い目をこすりながらでは、本を開いても文字が頭に入ってこないでしょう。

また、1日中「睡眠不足感」に囚われ、本業の仕事の能率まで落ちる恐れもあります。最悪の場合、自分の体までも壊してしまいかねません。

余談になりますが、お酒も学習能力の低下につながるようです。集中力がなくなることと、記憶力が悪くなることの、二つの悪影響があるのです。何かを学ぼうとするなら、睡眠時間よりもお酒を削るほうが効果的だと言えそうです。

学習時間の捻出と仕事の能率アップを両立させる

何をやめるかという点では、仕事を削るという考え方も「あり」です。

もちろん、仕事そのもののバリューを減らすという意味ではありません。たとえば、「メールは1時間しか見ない」と決めるなど、これまでの業務プロセスに、時短のメスを入れるということです。いわば、一人「働き方改革」です。

だらだらと届くメールをひたすら処理していると、あっという間に数時間を浪費するものです。たとえばそれを「朝の1時間の処理に限る」というふうにすると、仕事時間を増やすことができます。

メール処理だけではなく、さまざまな仕事に時短のメスを入れると、単に学習時間を捻出できるだけでなく、普段の仕事の能率の改善にも結びつくでしょう。

10 知識・スキル別、学習成功のポイント

知識系の学びのポイント

業務知識や業界知識など、知識系の学習をする際のポイントは、「膨大な情報量に振り回されない」ことです。知識の学習は「質より量」が勝負の世界とはいえ、無策のまま情報に対峙すると、逆に情報の海に飲み込まれてしまう恐れがあります。

その情報の海に溺れることなく、いち早く自分のニーズに合うものを選び、入手することが重要です。そのためには、初期の段階で情報マップを作成し、全体を把握して、回り道をせずに最短距離で自分の目的を達成する道順をしっかりとつけておきます。

また、情報量が多いと、ついインプットにばかり目がいきがちになります。そうならないよう、人に話したり、ブログにアップしたりなど、常にアウトプットを意識しておきましょう。実践で使えない知識をいくら詰め込んでも、物知りに終わってしまいます。

スキル系の学びのポイント

プレゼンテーション、ロジカルシンキング、リーダーシップ、対人スキル、コアスキル。こういったスキル系の学習で一番大事なことは、なんと言っても実践です。たとえ百冊の本を読んだところで身につくものではありません。

情報マップも、知識系の学習に比べてシンプルなものでいいでしょう。外してはいけないセオリーをおさえた入門書をとりあえず読破して、コンパクトな情報マップを作成したら、あとは実践あるのみです。

実践でアウトプットする前に、やっておくべきことが一つあります。それは、身近にいる、そのスキルに長けた人をじっくりと観察することです。うまい人からは技を盗み、ラーニングジャーナルなどに書きためていきます。そうしておけば、自分が実際にスキルを使うときに、イメージを浮かべながら取り組めるようになります。

また、実践した後は、必ずフィードバックを得るようにしてください。上司や先輩、あるいは同僚や後輩から、忌憚のない意見を聞き集めるのです。これが、スキル系の学びの最良のテキストになるのです。

11 学びの深さを意識する

「何から学ぶか」によって深さが異なる

学びには、深さがあります。これを意識することも、アダルトラーニングを成功させる上では重要です。

左の図を見てください。これは「学びの深度」を表したものです。

私たちが学習するとき、まず本を見て知識を仕入れます。これは言ってみればグーグルでキーワードを検索しているようなものです。

次が、人に教えを請う段階です。プロフェッショナルにノウハウを聞いたり、直接スキルを学んで、さらに学びを深めます。これが探索の状態です。

そして、学んだ知識やスキルを実際に試してみて経験を積みます。このとき、必ずしもうまくいくとは限りません。現実の状況に合わず、知識が役に立たないかもしれませ

学びの深度

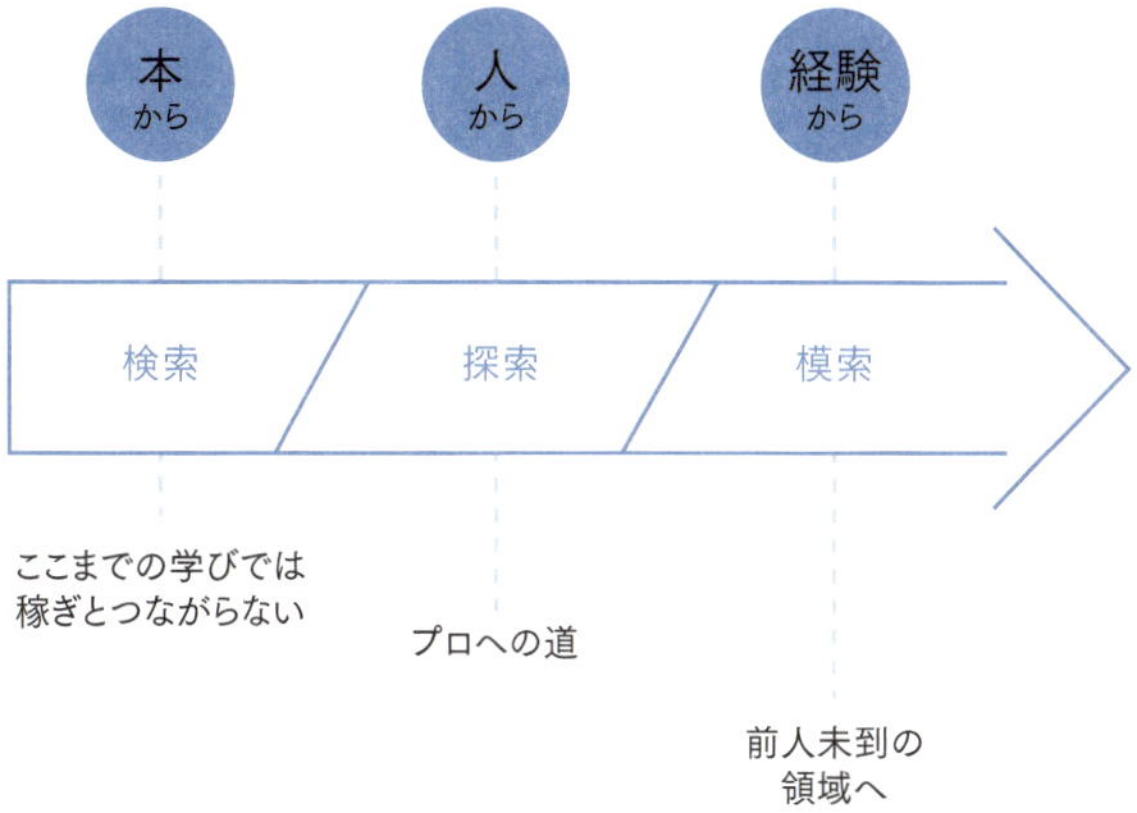

ん。スキルも未熟で、チャレンジが失敗してしまうこともあります。

でも、そこから何がいけなかったかを分析し、修正すべきところを検討し、再び実践して確かめます。この模索こそが、私たちの血肉となる真の学びになるのです。

しかし、今は検索して何かにたどりついたら、「ハイ、終わり」という人が多いような気がします。

検索しただけで得られるものは、浅い学びでしかありません。そんな浅い学びでは、まったく生産性はあがりませんし、稼ぎにもつながりません。

学びの深度が深くなるほど、時間もお金も、そして労力も投資しなければなりませんが、人とは異なる自分の武器を手に入れるためには必要な投資です。

ときどき、「自分は今どこまでたどりつけているのだろう？」と確認してみてください。まだ検索の段階なのか、探索まではたどりついているのか、それとも模索まで行って貴重な経験値を積み上げているのか？

模索まで行っても、まだ上には上がいることを実感することでしょう。彼らのようになるにはどうしたらいいのか。また、新たな学びの始まりです。

そうやって、学びと一生つきあっていくことができる人には限界はありません。いつも、「もっと上を、もっと上を」目指す途上なのですから。

本当のプロフェッショナルとは、そういう人たちです。常に学ぶ姿勢を忘れず、今よりもっと向上したいと願っています。

私たちも、そうありたいものですね。

おわりに――学びには快感がある

仕事で得た知識や経験を体系化し、その本質に近づけたと感じることが増えるにつけ、気がついたことが一つあります。

「ああ、何て気持ち良いのだろう」

断片的な知識や経験がつながり、ピタリと収まり、「ああ、そういうことだったんだ」という何かが見えてくる。その瞬間はまさに学びのクライマックスであり、次のステージの扉が見える瞬間でもあります。

この瞬間には、何事にも代えがたい快感があります。そしてこの快感は、「スキルや知識が身についた」「稼げるようになった」という達成感から得られる快感というより、むしろ「新しい発見や理解を成し遂げた」「自分なりに一つの真理にたどり着いた」という知的な満足感から得られる快感だと思われます。

つまり学ぶという行為には、それ自体に快感が伴うのです。
もっともこの快感は、「体系の理解」「本質の理解」の過程でしか味わえないものです。その点からも「概念の理解」「具体の理解」で学びを終えてしまうのは、本当にもったいないと切に思います。
通常の仕事に加え、「体系の理解」「本質の理解」を追究するということは、さらなるハードワークを強いるものではありません。むしろ自らの仕事の効率や価値、創造性を高め、ワークライフバランスをさらに高めることにもつながるのです。

私が本書を初めて書いた時と比べると、今では子供が生まれ、会社から独立するなど大きく環境は変わりました。ライフステージが変わると学ぶべきことはどんどん増えていきます。人生100年時代、これから何を学んでいくのか全貌は到底見えませんが、学び力を高めて楽しく進んでいけたらと思っています。

そして、10年前に初めて執筆の機会をいただき、今回また改訂版を実現してくださった東洋経済新報社の齋藤宏軌氏に心より感謝の意を表します。私の運命を大きく変えていただきました。また、20年以上にわたり指導してくださった先輩、上司の皆様、一緒に頑張った仲間達、そして研修・講演・執筆の機会を与えてくださった皆様、私の講座を受講してくださった皆様、本書の製作・展開に携わってくださったすべての皆様、いつも変わらぬ愛で支えてくれる家族に心より感謝の気持ちをお伝えしたいと思います。

最後までお読みくださった読者の皆様に対して、心よりお礼申し上げます。皆様の人生の学びの旅が素晴らしいものとなる一助になれば、心から嬉しく思います。

日々是精進、たくさん学んで気持ち良くなりましょう。

清水久三子

参考文献

『ライフシフト　100年時代の人生戦略』（リンダ・グラットン／アンドリュー・スコット著、東洋経済新報社）
『機械との競争』（日経BP社）エリック・ブリニョルフソン／アンドリュー・マカフィー
『コンサルタントの「現場力」』（PHPビジネス新書）野口吉昭
『「できる人」はどこがちがうのか』（ちくま新書）齋藤孝
『生き方　人間として一番大切なこと』（サンマーク出版）稲盛和夫
『白洲正子〝ほんもの〟の生活』（新潮社）白洲正子、他

画像出典

【口絵・P116】

『マンガで入門! 会社の数字が面白いほどわかる本』（森岡寛／渡邊治四、ダイヤモンド社）、『世界一わかりやすい財務諸表の授業』（並木秀明、サンマーク出版）、『はじめての人の簿記入門塾』（浜田勝義、かんき出版）、『一生食べていくのに困らない経理の仕事術』（吉澤大、かんき出版）、『新・現代会計入門［第2版］』（伊藤邦雄、日本経済新聞出版社）、『世界のエリートがやっている会計の新しい教科書』（吉成英紀、日本経済新聞出版社）、『ストーリーでわかる財務3表超入門』（國貞克則、ダイヤモンド社）、『はじめてでもわかる財務諸表』（小宮一慶、PHP研究所）、『会計事務所と会社の経理がクラウド会計を使いこなす本』（土井貴達／米津良治／河江健史編著、ダイヤモンド社）、『ハーバード・ビジネス・スクールの投資の授業』（中澤知寛、CCCメディアハウス）、『[新版] グロービスMBAファイナンス』（グロービス経営大学院編著、ダイヤモンド社）、『道具としてのファイナンス』（石野雄一、日本実業出版社）、『「儲かる会社」の財務諸表』（山根節、光文社）

【P117】

『できる人が絶対やらない資料のつくり方』（清水久三子、日本実業出版社）、『コピペで使える！動くPowerPoint素材集1000』（河合浩之、翔泳社）、『ビジュアル 資料作成ハンドブック』（清水久三子、日本経済新聞出版社）、『必ず通る！「資料」作成術［完全版］』（日経ビジネスアソシエ編、日経BP社）、『見せれば即決! 資料作成術』（天野暢子、ダイヤモンド社）、『一発OKが出る資料 簡単につくるコツ』（下地寛也、三笠書房）、『快速エクセル』（美崎栄一郎、インプレス）、『たった1日で即戦力になるExcelの教科書』（吉田拳、技術評論社）、『外資系投資銀行がやっている最速のExcel』（熊野整、KADOKAWA）、『社内プレゼンの資料作成術』（前田鎌利、ダイヤモンド社）、『マンガでわかる! トヨタ式資料作成術』（稲垣公夫、宝島社）、『Google流資料作成術』（コール・ヌッスバウマー・ナフリック著、村井瑞枝訳、日本実業出版社）、『思いが伝わる、心が動く スピーチの教科書』（佐々木繁範、ダイヤモンド社）、『影響力の武器［第3版］』（ロバート・B・チャルディーニ著、社会行動研究会訳、誠信書房）、『プロフェッショナルは「ストーリー」で伝える』（アネット・シモンズ著、池村千秋訳、海と月社）

【P123】

『グロービスMBA　組織と人材マネジメント』（グロービス経営大学院、ダイヤモンド社）、『はじめて人事担当者になったとき知っておくべき、7の基本。8つの主な役割。（入門編）［第2版］』（労務行政研究所編、労務行政）、『強い会社を作る人事賃金制度改革』（大津章敬、日本法令）、『人事の超プロが明かす評価基準』（西尾太、三笠書房）、『目標設定シート・業績評価シート110』（日経連出版部編、日経連出版部）、『ヒューマン・リソース・マネジメント』（高橋俊介、ダイヤモンド社）、『世界最強人事』（南和気、幻冬舎）、『事業を創る人事』（綱島邦夫、日本経済新聞出版社）、『グローバル人材教育とその質保証』（大学改革支援・学位授与機構編著、ぎょうせい）、『稼ぐ人財のつくり方』（山極毅、日本経済新聞出版社）、『人事評価はもういらない』（松丘啓司、ファーストプレス）、『DIAMONDハーバード・ビジネス・レビュー　人材育成』（2017年4 月号、ダイヤモンド社）、『会社を強くする人材育成戦略』（大久保幸夫、日本経済新聞出版社）、『キャリアカウンセリング実践：24の相談事例から学ぶ』（渡辺三枝子編著、ナカニシヤ出版）、『週刊ダイヤモンド　人事部vs労基署』（2017年5月27日号ダイヤモンド社）、『Works　登場！人事エンジニア』（142号、2017年6月、リクルートワークス研究所）

【著者紹介】
清水久三子（しみず　くみこ）
&create(アンド・クリエイト)代表、オーガナイズ・コンサルティング代表取締役社長。大手アパレル企業を経て、1998年にプライスウォーターハウスコンサルタント(現IBM)入社後、企業変革戦略コンサルティングチームのリーダーとして、新規事業戦略立案・展開支援、コンサルタント育成強化、プロフェッショナル人材制度設計・導入、人材開発戦略・実行支援などのプロジェクトをリード。2005年より、コンサルティングサービス&SI事業部門の人材開発部門リーダーとしてコンサルタント・エンジニアの人材育成を担い、2013年に独立。プロジェクトマネジメント研修、コアスキル研修、リーダー研修など社内外の研修講師をつとめ、延べ3000人のコンサルタントの指導育成経験を持つ「プロを育てるプロ」として知られている。2015年6月にワーク・ライフバランス、ダイバーシティの実現支援を使命とした会社を設立。創造性と生産性を向上させるスキルアップのプログラムの提供を開始。著書に『プロの学び力』『プロの課題設定力』『プロの資料作成力』(いずれも東洋経済新報社)、『1時間の仕事を15分で終わらせる』(かんき出版)等がある。

ホームページ:http://www.organize-consulting.com

知識&スキルを最速で身につけ稼ぎにつなげる大人の勉強法
一流の学び方

2017年8月10日発行

著　者――清水久三子
発行者――山縣裕一郎
発行所――東洋経済新報社
〒103-8345　東京都中央区日本橋本石町 1-2-1
電話＝東洋経済コールセンター　03(5605)7021
http://toyokeizai.net/

装　丁………………井上新八
本文デザイン・DTP……高橋明香（おかっぱ製作所）
印　刷………………東港出版印刷
製　本………………積信堂
編集担当……………齋藤宏軌

ISBN 978-4-492-50292-1